中世纪史 04

美国国家图书馆珍藏名传

成吉思汗
Genghis Khan

[美] 雅各布·阿伯特 著

梁力乔 译

中国出版集团有限公司
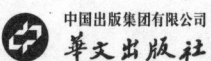
华文出版社

图书在版编目（CIP）数据

成吉思汗 /（美）雅各布·阿伯特著；梁力乔译. -- 北京：华文出版社，2025.3

（美国国家图书馆珍藏名传）

ISBN 978-7-5075-5748-0

Ⅰ.①成… Ⅱ.①雅… ②朱… Ⅲ.①成吉思汗（1162-1227）—传记 Ⅳ.①K827=47

中国国家版本馆CIP数据核字(2023)第019681号

成吉思汗

作　　者：[美]雅各布·阿伯特
译　　者：梁力乔
责任编辑：方昊飞　王 彤
出版发行：华文出版社
地　　址：北京市西城区广外大街305号8区2号楼
邮政编码：100055
网　　址：http://www.hwcbs.cn
电　　话：编辑部 010-58336265　010-63428314
　　　　　总编室 010-58336239　发行部 010-58336202
印　　刷：三河市航远印刷有限公司
开　　本：787mm×1092mm　　1/32
印　　张：8.375
字　　数：106千字
版　　次：2025年3月第1版
印　　次：2025年3月第1次印刷
标准书号：ISBN 978-7-5075-5748-0
定　　价：36.00元

版权所有　侵权必究

成吉思汗

● 铁木真,尊号"成吉思汗",世界史上杰出的军事家和政治家。

● 铁木真生于蒙古乞颜部孛儿只斤氏贵族家庭,其父也该速为乞颜部首领,被塔塔儿人毒死。铁木真随母亲在战乱中生活、成长,养成其坚毅、倔强的性格。

● 1206年,铁木真统一蒙古诸部,建立大蒙古国,尊号"成吉思汗"(蒙古语"海洋"或"强大"之意)。

● 大蒙古国建立后屡次对外征战扩张。分别于1211年和1215年大举攻金,直到黄河北岸,占领金中都(今北京城西南隅)。1219年,成吉思汗第一次西征,灭花剌子模,攻入钦察,击败斡罗思和钦察联军,占领中亚大片土地。

● 元朝建立后,成吉思汗被追尊为元太祖。

中文名:成吉思汗
外文名:Genghis Khan
生卒年:1162年—1227年
所在国:大蒙古国
职 业:大汗
在位时间:1206年—1227年

在成吉思汗生活的时代，世界上发生了哪些大事？

世界历史

1150年，巴黎大学建校。

1154年，英格兰金雀花王朝 (1156年—1399年) 开始。

1167年，牛津大学建校。

1096年—1291年，十字军先后8次东征，历时近200年。1291年，十字军侵占的最后一个据点阿克城为穆斯林所占领，东征以失败告终。

约1200年，巴黎圣母院始建。修建卢浮宫，巴黎初见规模。

1209年，剑桥大学建校。

1214年，科学家罗吉尔·培根 (1214年—1292年) 出生。

1265年，英国召开历史上第一次议会，英国议会制度形成。

中国历史

1115年，女真人完颜阿骨打 (1068年—1123年) 称帝，国号"大金" (1115年—1234年)。

1125年，金灭辽 (907年—1125年)。

1126年，靖康之难。金军南下攻取北宋首都东京，掳走宋徽宗、宋钦宗二帝，北宋灭亡。

1127年，南宋建立，都临安 (今杭州)，高宗赵构 (1127年—1162年在位) 即位。

1153年，金迁都燕京 (今北京)。

1206年，铁木真统一蒙古各部。大蒙古国建立，成吉思汗 (1206年—1227年在位) 即位。

1219年，成吉思汗第一次西征，灭花剌子模，击败斡罗思和钦察联军，占领中亚大片土地。

1227年，蒙古灭西夏 (1038年—1227年)。

1234年，蒙古灭金。

1247年，吐蕃归附蒙古。

目 录

001　　第1章　亚洲的游牧生活

009　　第2章　蒙古人

025　　第3章　也速该（1163年—1175年）

033　　第4章　初 战（1175年）

045　　第5章　王 汗（1175年）

053　　第6章　铁木真流亡（1182年）

061	第7章	**与王汗决裂**（1182年—1202年）
073	第8章	**矛盾激化**（1202年）
083	第9章	**王汗之死**（1202年）
091	第10章	**札木合之死**（1202年—1203年）
101	第11章	**建立帝国**（1203年）
113	第12章	**成吉思汗开拓的疆域**（1203年）

123　第13章　**屈出律王子的冒险**（1203年—1208年）

131　第14章　**亦都护**（1208年）

139　第15章　**胡沙虎的故事**（1211年）

151　第16章　**鏖战中原**（1211年—1216年）

163　第17章　**苏丹摩诃末**（1217年）

179　第18章　**与苏丹摩诃末的战争**（1217年—1218年）

187　第19章　**不花剌城陷落**（1218年—1219年）

201　第20章　**进攻战与围攻战**（1219年—1220年）

213　第21章　**苏丹摩诃末之死**（1220年）

227　第22章　**捷报频传**（1220年—1221年）

245　第23章　**盛大的庆祝活动**（1221年—1224年）

255　第24章　**驾　崩**（1227年）

第 1 章　　*CHAPTER I*

亚洲的游牧生活

Pastoral Life in Asia

人类有各种形式的聚落划分，也有一定的谋生手段。这样的谋生手段共有四种，每一种都对应一种独特的社会形式，不同的社会形式之间存在本质的区别，也造就了各自独特的风俗习惯。总的来说，社会形式、风俗习惯的不同，意味着生活方式各有自己的特色。

上面提到的"四种谋生手段"分别是：

（一）狩猎，即在野外捕猎野生动物；

（二）畜牧，即在牧场饲养被驯服的动物；

（三）采集，即获取野生瓜果蔬菜；

（四）农耕，即利用耕地种植水果、谷物和各种蔬菜。

选择狩猎和畜牧意味着要以动物为食，而仰仗采集和农耕则意味着要以植物为食。

从温带走向两极，我们发现，仿佛受到天意的支配一般，越是生活在高纬度地区的人越依靠肉食。北极几乎没有任何适合人类食用的蔬菜,但肉质营养丰富且适合人类食用的动物非常多。

从温带走向赤道,越靠近赤道的人越以植物为食——似乎这也是一种天意。热带几乎不存在任何适合人类食用的动物,却存在大量营养丰富且适合人类食用的植物。这些植物的果实、根茎和其他产物(productions)都可以食用。

地球上不同地区的物产各不相同,在不同地区生活的人种似乎也因此具有不同的身体素质。格陵兰岛和堪察加半岛的部落中的人们只能靠食用动物的肉保持健康和活力,如果蔬菜吃得太多,就会迅速变得憔悴。生活在热带地区的人们正好相反,他们的主要食物是大米、面包或香蕉之类的水果,他们会因为吃海象、海豹和白熊之类动物的肉而生病。

温带地区既有动物,也有植物,并且可以作为人类营养丰富、美味食物的动物和植物有很多。温带各人种的体质,比起前面提到的两个人种,也相应地有所不同。生活在温带的人种既能以植物为食,也能以动物为食,把动物和植物都端上餐桌也没有问题。不同人种的体质原本就有区别，在一年中的不同时期也有变化：为了让身心处于最佳状态，有的人种需要更多的动物作为食物，有的人种需要更多的植物作为食物，并且季节的变化也会导致其口味的转变——夏季，太阳直射点北移，人们对果菜类食物的需求量增大；冬季，寒流南下，人们相应地更想吃肉。

一想到地球的不同区域生活着不同的动植物，我们就不由得感叹造物主如此智慧，竟能根据气候差异和季节变化相应地调整了不同人种的体质。如果将人类绝对地限制为只能吃肉或吃素，地球上的大片地区就会变成无人区。

基于一般情况下不同纬度地区可以作为食物的动植物分布状况，在我们所在半球[①]的寒冷区生活的未开化人种必然以狩猎为谋生手段，而生活在赤道附近的未开化人种则以采集为谋生手段。此外，这些地域（地区）的部落（种族或民族）若要迈出走向文明的第一步，首先要驯服（野生）动物，把它们变

---

① 即北半球。——译者注

成家畜。还有一种情况是保存粮食作物的种子，并在围起来的(enclosed)、私有的(private)土地上播种、耕作。通过驯养动物迈向文明的情况发生在北温带和北极等家畜能存活的地区，通过农业耕种迈向文明则是热带地区所有半文明部落的发展路径。

在历史文献没有记录的"很久很久以前"，亚洲大陆腹地一直有一些部落(tribes)、民族(nations[①])之类的存在，虽然迈出了走向文明的第一步，但也就到此为止了。这些部落、民族不是像北美洲的印第安人[②]那样猎杀野兽，而是驯服并且畜养动物，当然，养的都是食草动物。由于草和低矮植物只能生长在开阔的地面，久而久之，森林逐渐消

[①] 本书涉及的一些单词具有多义性，一般来说"tribe"表示"部落"，而"nation"在不同语境中可以用来表示"民族""种族""人种"和"国家"。在保证用词基本一致的情况下，本书在表述的选择方面，会根据汉语的习惯用法而有所变化。在必要的时候，会用译者注的形式加以解释。——译者注

[②] 最早的欧洲殖民者是在无意之中到达美洲大陆的，他们坚信自己到了赞助人要求自己获取香料等商品的印度(India)，遂称当地土著为"Indian"，即"印第安人"。随着时间的推移，以及人们认知的完善，如今，在英语中，一般使用"native American"，即"美洲原住民"指代"印第安人"。——译者注

失，取而代之的是长期存在的巨大草场或覆盖着青草的山坡。平原上、河谷中生活着游牧民族，他们住在帐篷里或可拆卸的简易小屋中。他们逐水草而居，把羊群和牛群从一个牧场赶到另一个牧场。

参考《圣经·旧约》中关于亚伯拉罕和罗得的记载，我们可以对游牧生活的特点、风俗习惯及由此产生的家庭结构有相当清晰的认识。游牧民族带着羊群和牛群在幼发拉底河和地中海之间的广袤区域流浪。他们的住所都是帐篷，他们的羊群前往不同的牧场时，帐篷方便转移。对他们来说，哪里的土地都是一样的，羊群和牛群几乎是他们的所有财产。有时，两个不同的游牧民族在同一个水草丰美的地方相遇，就会因为放牧权产生纠纷。如果首领之间不能达成友好协议，纠纷往往就会演化成斗争和冲突。

一个游牧家族中，父亲是立法者和统治者，和他的儿子们、儿子的妻子们甚至孙辈一起生活。大家族的状态有时要维系很长时间，所以全家会一起分享这位父亲的生活资料，服从他的权力，追随他,并赶着牛羊,从一个地方迁移到另一个地方。像这样的游牧家族也会雇用牧民、仆人,也有自己的追随者,于是常常形成扩大的社群。有时,一个游牧部落与其他游牧部落处于敌对状态,一方的族长可以派出多达数百人的武装力量。在从一个牧区到另一个牧区的途中,一支这样的队伍看起来就像一支行进中的巨大商队;队伍驻扎下来后,人们居住的帐篷很多,一个小城镇就形成了。

族长的死亡并不代表一个庞大的家族就会解体,大家仍然生活在一起,长子接替父亲成为新的族长。① 对防御来说,这是必要的,因为像这样的部落随时有可能与同一地区的其他游牧民族(部落)发生冲突。换言之,一个强大且管理良好的游牧民族(部落)在一个能干且贤明的族长领导下,会吸

---

① 但突厥、鞑靼等游牧民族其实都有"幼子守灶"的习俗,解释过来就是"幼子成为汗位继承人"的意思。正是因为这个传统,成吉思汗的幼子拖雷才能加入后来的汗位争夺。作者得出的这个结论和游牧民族习俗不符,与后文中的记载也有矛盾。——译者注

引其他较弱的游牧民族(部落)加入。或者较强的游牧民族(部落)会以某些纠纷为借口，向较弱的游牧民族(部落)开战并将其兼并。随着时间的推移，一些小国家(small nations)就会形成；只要还能继续出现能干的领导人物，形成的国家便可以继续发展壮大。然后，统治者会根据各个组成部落的原来属地进行分封，并且与其他部落再次融合。

这就是最原始的游牧生活。当然，随着时间的推移，部落通过兼并会变得越来越大。这时，游牧民族会建立城镇，这是他们制造工具和武器的地方，或者作为运输商品的商队休息的场所。像这样的城镇相对较少且不重要，大多数游牧民仍然到各地放牧。

在游牧部落之中，首领一个接一个地崛起。但因为保存下来的历史记录有限，这些首领很多时候都不为人所知。他们中的一些人成了著名的征服者，统治的疆域非常广阔，其中最著名的当数成吉思汗，他是在亚伯拉罕去世后3000多年才登上历史舞台的。

第 2 章　　CHAPTER II

蒙古人

The Monguls

3000年很漫长，长到足以孕育一场巨变。在这段时间里，如今的中亚形成了许多不同的民族和聚落。我们这一章要讨论的"Monguls（蒙古人）"是"Tartars（鞑靼人）"的一支。相传，"Monguls"这一名字来源于"Mongol Khan（蒙古大汗）"。蒙古大汗是蒙古历史上最早、最强大的首领之一，其后裔以他的名字自称为"蒙古人"，就像雅各（Jacob）12个儿子的后裔自称为"Israelites（以色列人）"，即"children of Israel（以色列的子孙）"，发源于一个写作"Israel（以色列）"的名字。"Israel"是雅各众多名字中的一个，而以色列人的12个支派就是雅各12个儿子的后代。蒙古人居住的地区被称为"Mongolia"，即"蒙古"。

想对一个蒙古人的家庭有清晰的认识，请先在脑海之中想象一个这样的男性形象：矮小壮实的身材，黑而长的头发，扁平的脸，具有深橄榄色的皮肤。如果这个蒙古男人的妻子的脸能够凹凸有致，鼻子稍窄一些，那一定会是个美人，毕竟蒙古女人的眼睛是那么黑而亮。蒙古小孩在外貌上令人想到印第安小孩，大一点儿的一般和山坡上的牛一起叫喊着奔跑，小一点儿的则半裸着身子在小屋门口玩耍，黑色的长发在风中飘荡。

与中亚的其他居民一样，蒙古人几乎完全依靠各类家畜及其产物来维持生计。对蒙古人来说，最重要的工作是在白天看管并喂养牲畜，晚上则把它们安置在安全的地方，同时照顾并抚养幼崽。蒙古人用牛奶制作黄油和奶酪，用牛皮制作衣服。他们驱赶牛群来回寻找牧草，还可能与其他部落的人开战——主要是为了解决因领土争议而产生的冲突，或者通过抢夺对方的牲畜来补充自己。

蒙古人最珍视骆驼、肉牛、奶牛、绵羊、山羊和马之类的动物。他们以自己的马为荣，骑马时颇能体现出他们的勇武和精神。蒙古人总是骑马作战，以弓、箭、长矛、剑或马刀作为武器。这种剑或马刀是由西部的一些城镇制造的，蒙古人从大型旅行商队那里购得。

尽管大多数蒙古人都与牲畜一起生活在开阔

地带，但他们还是有许多城镇和村庄；这些城镇作为人口聚居地，与农耕文明的城镇相比，数量少很多，地位也不那么重要。其中一些城镇是大汗和部落首领的住所，其他城镇是蒙古人的制造业或商业中心，其中许多城镇拥有土堤或石墙之类的防御工事。

普通蒙古人的住所，包括城镇里的住所在内，都是简陋的小屋。这些简陋的小屋易于随时拆卸运输。帐篷(tent)[①]由木杆制成的围栏支撑，下部为圆形，加上圆锥形的顶部，看起来就像印第安人的棚屋(wigwam)。这些杆子的顶部装有铁箍，通过铁箍排烟。木杆围栏框架外铺上一片厚厚的灰色毛毡，铁箍上留有活动开口；底部也铺上毛毡，其中一块毡子的角能自由开合，这就是帐篷的"门(door)"。其他地方的毛毡边缘被非常小心地捆扎在一起——在冬天为防冷气侵入帐篷，这一点必须

[①] 即一般认识中的"蒙古包(Mongolia yurt)"，因为"tent"在书中不只用来指蒙古人的居所，所以这里还是统一翻译为"帐篷"。——译者注

做到。

帐篷中央的地面用于生火，燃料主要是树叶、干草和从地上收集的各种牲畜的干粪，毕竟蒙古人是以放牧为生的，他们生活的地方基本不存在任何树木。当然，树木在那种地方也没有机会生长。

在这样的帐篷中生活非常不舒服：冷空气还是能不断地从缝隙中进入，完全堵上缝隙是不可能的，所以实际上不可能做到保暖。烟也没有全部从排气孔中排出，仍有一些留在帐篷里，和人们呼吸的空气混合在一起。加上前面谈到的那些燃料，蒙古人就更不可能住得舒服，因为使用那样的燃料得到的必然是闷火——只有使用好的干木头作为燃料，才能产生明亮而清晰的火焰。

蒙古人还允许自己养的动物进入木屋或帐篷，特别是新生的动物和虚弱的动物，它们还被允许和一家人同住。这样一来，他们的住所住起来就更难受了。

时移世易，随着财富的逐渐积累和建筑技能的逐渐提高，一些族长开始建造大而漂亮、难以随意拆卸的"房子"。他们将"房子"装在大车的四角上直接运走，在更换牧场时拉着它们穿过平原。当然，为了方便这么做，他们必须把这类"房子"的重量控制在比较轻的水平。其实，这类"房子"的本质仍然是"帐篷"，就连建材也和帐篷完全一样，只是做得更结实、更美观而已。"房子"以木杆为框架，质地轻巧，但采用了永备(permanent)结构。外面包裹的仍然是毛毡，但每一片毛毡都紧密缝合，并且在外侧刷上了既能填补空隙又能让毛毡质地更紧实、具有装饰作用的涂料。蒙古人通常会涂画一些鸟、野兽和树木之类的东西，在他们眼里，这些都是美丽的图案。

上文提到的可移动"房子"有时被做得很大。一位旅行者曾经目睹成吉思汗时期蒙古人搬迁的情况，他说这样一座房屋直径就有30英尺[①]，需要22头牛拉，因为房屋太大，放在车上每边都超过车轮五英尺。和现在不同，如果把当时的车和房屋

---

① 1英尺≈0.30米。——编者注

组成的结构抽象成一个几何体,牛不是在几何体的中间拉着它前进,而是拉车轴的两端,每边由11头牛和赶牛的人负责拉。在搬迁的时候,"房子"的门面朝前方,一个总指挥站在门口,通过大声喊叫和手势发出指令。

族长搬迁自己的住所时,一应日用品被装在专门制作的箱子里。为了尽可能减重,房屋本身会被清空。用来装东西的箱子很大,是用植物的枝条和做篮子的那类材料制成框架,外面同样罩上毛毡。这样做成的箱子大而圆,方便雨水滴落,同时箱子上涂有防水材料。箱子一旦做好,不会在旅途结束后再被拆掉,而是从此后就成为常用的容器,用来装器物、衣物和食物之类的东西。箱子排成一排摆在各自的车上,靠近帐篷,以便随时取用。帐篷被摆在中央,大箱子被放在旁边的车上。外观看起来就像一座房子,这座房子包括一间主要的大房间及两边排成排的小房间和壁橱。

蒙古人是住帐篷的,要想把大量家具、用品连同房屋从一个地方快速搬到另一个地方,采用这种拆卸帐篷的方法显然是必要的：因为从结构的角度来看，实际上不可能把帐篷分隔成一个个房间或装太多家具。当然，收纳这些财产(property)也需要特殊的设备。蒙古人中有很多富人和掌权的大人物，他们往往积累了大量财产，所以对这种特殊设备的需求尤其大。相传，一个蒙古富人有200辆装财宝的"箱子车"，"箱子车"在他的帐篷周围和后面排成两排，驻扎下来的时候，其外观就像一个小村庄。

帐篷和活动式房屋是蒙古式建筑风格的开先河之作，即便是城镇里的永备房屋也会采用这种风格。所谓的永备房屋(permanent houses)其实比帐篷好不了多少，也是圆形的，只有一间单独的房间，但其顶部不是圆锥形的，整体看上去是圆柱形的。这样的房屋没有地板，也不开窗。

成吉思汗时代的蒙古住宅的一般特点不外如是，目的就是适应游牧民族的游牧生活。有人认为，如果要拉动装着房屋和家庭用品的笨重马车，必须要有良好的道路（roads①），但或许也未必如此。蒙古人主要生活在广袤的草场上和平坦的河谷中，这里非常便于车轮的转动，无须额外费心筑路。况且牧人赶着牲畜来回迁徙，往往会形成固定的常用路径，俯瞰之下，其实就是踩踏出的痕迹。这些痕迹起初只有一点点，后来愈加明显。只要稍加改造，就能成为非常好的夏季道路。而到了冬季，道路自然就没有使用的必要了。

跟古代的犹太人一样，蒙古人被划分为若干部落，每一个部落又被划分为若干家庭（families）——这里的"families"如果取单数形式（family），也不是指现代意义上的单个家庭，而是现代意义中若干家庭的集合。这些家庭的成员彼此都有亲缘关系，每个小家庭有自己的家长，小家庭集合而成的家庭又有一个大家长。若干家庭组成部落，部落当然也有一个最大的族长。相传蒙古当时有三个这样的部落，形成了蒙古人的三个分支，每个分支由一个大汗充当首领。对三个部落来说，还存在一

---

① 特指人工建造的道路。——译者注

个"共主(ruled over all)"意义上的大可汗。

在游牧民族中，这样的社会结构既很常见，又很合理。有一点不难明白：19世纪的现代人和游牧民族不一样，生活是多样化的，来自不同家族的后代杂居。农民的儿子长到一定年龄，就会从一个州(state)去另一个州当商人或工人。对农民来说，他只要雇用一个愿意给自己干农活的人就可以了，管他是不是从几百英里[①]外的地方来的呢。在我们美国人中，祖父和祖母生活在一个地方，几年以后会发现他们的后代散布在全国，甚至全世界也有可能。

像我们美国这样的国家，人们普遍追求多样性——这与个人能力和兴趣的多元化有关，从而形成了一个家族的人口散居各地的局面。

对游牧民族来说，情况就不一样了：年轻人一般都没有离家的诱因，会长期和父母、亲戚生活在一起，共同照料牲畜，拥有共同的爱好和事业。如此就形成了大家族，在放牧区以部落或氏族(clan)

---

① 1英里≈1609.34米。——编者注

的形式存在，这就是游牧民族社会和政治构成的基础。

如果全面战争爆发，每个蒙古部落都要自行组织武装力量，武装力量的战斗力和部落人口数量与整体实力成正比。如前所述，蒙古人是骑马作战的，奔驰的马队有时看起来十分壮观，向敌人发起冲锋时更是让人感到震撼。蒙古士兵配备弓箭和马刀，他们首先用箭雨压制敌人，然后放下弓箭拔出马刀策马奔驰，大力砍倒敌人。

如果敌人更加强大，己方马队被击退且不得不撤退的时候，蒙古人就会一边骑马在草原上全速飞驰，一边转过身来向追兵射箭。他们的运动射术也十分高超，和静止状态射击时一样准。蒙古人在撤退过程中，还会通过声音和脚施加给战马力量的变化，来解放自己的双臂，方便和敌人作战。

据说，蒙古人的箭很可怕，当时的旅行者说，蒙古人射箭的力道之大，可完全射穿一个人。

但不管传说怎么说，必须知道箭的杀伤力不在于弓，而取决于人。拉弓射箭的过程，只消耗了人通过拉弓而赋予它的力量，因此，推动箭的真正力量是射手的肌肉力量。要使所有这些肌肉力量发挥作用，在很大程度上取决于弓的质量，也取决于人使用弓的技巧。如果用一张劣弓，或者弓手技巧不高，就是有很大的力量也会被浪费掉。但如果有了最好的弓，加上弓手最精湛的技术，那么能发挥多大威力完全就取决于弓手的臂力了。

子弹和火药就不是一回事了——弹丸主要靠火药的爆炸力推动，能飞多远跟枪手的臂力可没关系，他只要能扣动扳机就行。

扯远了，重新回到我们的"蒙古人"主题。成吉思汗时代之前蒙古人的情况，主要来自旅行者留下的记载。这些旅行者有的是商人，有的是哈里发(caliphs)或国王的使者，他们长途跋涉到达边远地区，留下了或多或少的记录。这些记录被东方的学者保存下来，当然我们也搞不清楚其可信度究竟几何。有一个比较著名的旅行者，名叫萨拉姆(Salam)，奉哈里发穆罕默德·阿明·比拉的派遣深入亚洲内陆地区，其中一个调查目标就是确定被称

向追兵射击

为"Gog（歌革）"和"Magog（玛各）"①的民族是否真实存在——他在自己广为流传的文献中将其分别称为"Yagog（亚各）"和"Magog（玛各）"。雅各人的身材被认为和常人无异，而玛各人高约两英尺。这两个民族和周边的民族开战，摧毁了很多城镇，最后被打败，战俘被关进监狱里。

萨拉姆奉命出发的时候带了一个由50人组成的骆驼队，装载了可用一整年的物资，旅行了很长时间。回来之后，萨拉姆这样记载自己的发现：他认为歌革和玛各这两个民族是真实存在的。他从一个族长的地盘走到另一个族长的地盘，然后沿着里海走了三四十天，来到一片低平的黑土地。这片黑土地恶臭难闻，他们一行人不得不一路走一路泼香水掩盖臭气。十天之后，他们走出黑土地，穿过一片沙漠，到达一片沃土，这里分布着被那两个民族摧毁的城市留下的废墟。

又过了六天，一行人到了关押这两个民族的人

---

① "Gog（歌革）"和"Magog（玛各）"为《圣经》记载的人名、民族名或国名。——编者注

的监狱所在地。当地有很多坚固的城堡、一座大城市，还有神庙、学校及国王的寝宫。

一行人在城里住了一段时间，还外出旅行了两天，想看看歌革人和玛各人到底被关在什么地方，最终还真被他们找到了——他们发现了一座高大的山，山上有一处两三百英尺宽的入口，设有巨大的堡垒作为防御工事。山口中间是双开的大门，由铁铸造而成。堡垒设有铁墙，还有与山同高的铁塔。铁门和山口一样宽，高约75英尺，设置有与门的尺寸相配的门阀、门楣、门槛。当然，也有门闩、锁和钥匙。

萨拉姆目睹了这一切，当地人还告诉他总督的习惯：每个星期五，他与十个人一起骑马来到门前，用重达五磅的大锤敲击门闩三次，这时会听到里面有杂音传出，那是关在山里的歌革人和玛各人的呻吟声。萨拉姆还被告知，这些可怜的俘虏经常出现在上面的城垛上。因此，他认为上述民族都是真实存在的，玛各人身材矮小也是真的，因为他被告知，三个玛各人曾被大风从城垛上吹到地上，测量后发现,他们只有三拃(spans)高。

这就是那个时代最有学问、最有成就的旅行者从遥远国度所带回的故事的一个样本,将如此荒唐可笑的故事与亚历山大·冯·洪堡、利文斯通和凯恩等旅行者于19世纪从同样的地区带回的报告相比,我们就会发现,人类的智慧和获得的信息比古代都进步了很多。

第 3 章　*CHAPTER III*

也速该（1163年—1175年）

Yezonkai (1163—1175)

成吉思汗父汗的名字叫也速该，这个名字是最纯正的蒙古名字，无论是读音，还是拼写，都无法用现代英语准确表达，非要进行英译的话大概可以写作"Yezonkai Behadr"，其中"Behadr"中的"a"和英语单词"hark"中的"a"发音最接近。

事实上，在所有语言中，蒙古语和英语的差别最大，因为两种语言发音体系不同，字母对应的发音不同，一些蒙古语语音是英语完全没有的，也就无法用英语字母拼写。蒙古人唤自己的马和狗或者吹口哨时的发音，是无法用现成的英语拟声词表达的。这样的声音在英语中有时会被学者以"whew"来表达，我们在阅读相关著作中记载的对话时可以看到。如果书中是写一个蒙古人在说话的时候发出"whew"的声音，那就应该理解为此人在吹口哨，但"whew"这个拟声词和蒙古人吹口哨发出的声音差距太大了！

使用欧洲的拉丁字母，无法准确描述亚洲各种语言中的很多发音，不同作者也有自己的不同表达方式。如此一来，"也速该"这个名字就产生了很多版本，如"Yezonkai""Yesukay""Yessuki""Yesughi""Bissukay""Bisukay""Pisukay"等。本书采用的主要是"Yezonkai Behadr"[①]这个形式，但"也速该"的真实发音其实和上面所有的单词相比都有差距。

也速该是个首领，据说，他这一支的首领之位是直接从神那里承袭的，到他这里已经是第十代了——当时，国家出了伟大的君主，而君主们都非常喜欢将自己称为神的后人，以君权神授的思想在子民中建立法统。也速该有一处宫殿，硬要用英语进行音译的话，最好写作"Diloneldak"，宫殿所在的地方便是他的政治统治中心。他从这里出发，率领大队蒙古士兵对周围的国家发动战争。也速该很会打仗，影响力也很强，常常能吸引势力较弱的首领带着大队人马投靠自己。也速该生前就已经把自己的"帝国（empire）"疆域开拓得相当广

---

① 在汉语中，这个名字写作也速该·把阿秃儿，所谓把阿秃儿（Behadr）是一种称号，意思是"勇士"。——译者注

袤，这为他的儿子成吉思汗的征服事业打下了坚实的基础。

当时，中国（China[①]）的南部和北部分别建立了不同的政权。北方有一个金朝（Katay[②]），也有自己的可汗（Khan[③]）。金朝的可汗非常嫉妒势力迅速壮大的也速该，遂干涉也速该和他邻近部落发生的所有战争，但这些部落都没打赢。也速该的实力实在太强大，不断开拓自己的疆域。

最终，也速该以受过的侮辱为借口对强大的邻居塔塔儿（Tartars）部落发动了战争。他带领一支庞大的蒙古军队攻入塔塔儿人的地盘，俘获了他们的牲畜，并且往自己的地盘赶。

当时，塔塔儿人首领的名字大概可以用英语写

[①] 本书多处使用"China"字样，但表达的意义不尽相同。和地理意义上的"中原"不一样，此处是对行政意义上统治中国所在地区朝代的一种统称。——译者注

[②] 也有"Kathay""Kitay"等写法。——原注

[③] 由女真族首领完颜阿骨打建立的少数民族政权，从1115年持续到1234年，和辽与西夏并称为"塞北三朝"。这里的"可汗"是指金朝皇帝。也速该生活的年代大概在金世宗在位时期（1161—1189）。——译者注

作"Temujin（铁木真）"。他迅速集结兵力迎敌，结果败逃。战后，在阿姆河畔的一座大山附近，也速该和全家人安营扎寨生活在一起。按当时的传统，首领（可汗）四处征战时会带上自己的所有家眷和家当。也速该有好几个妻子，其中一个叫诃额仑①，给刚下战场的也速该生了个儿子。也速该直接将儿子命名为"铁木真"，这是被他打败的敌人首领的名字。19世纪，基本可以把铁木真出生的时间定为1163年。

孛儿只斤·铁木真后来以"成吉思汗"的头衔为世界所知，在整个亚洲叱咤风云，上面介绍了他出生时期的环境。在早年，他一直以"铁木真"这个名字为人所知，一直在出生的地方生活。

当时有一位叫苏古今的老占星师，是也速该手下的一位重臣，并且和他有亲戚关系。苏古今为小铁木真占卜，预测到他以后会有辉煌的事业，长成一个伟大的军人，征服一切敌人，开疆拓土，最

---
① 《元史》等相关文献中也写作"月伦"，至元三年（1266）被追尊为宣懿皇后。——译者注

终成为征服塔塔儿人的可汗。也速该和诃额仑听了都非常高兴。不久，苏古今去世。也速该和诃额仑任命他的儿子喀拉善作为小铁木真的监护人和导师，让他放手去干，为了实现苏古今的预言，早早地做准备。

对于这个初生的、日后将要成为成吉思汗的人来说，这样的预言很有意义，毕竟很多占星师都会为处于与小铁木真父母相似地位的人占卜，都会说上一通这样的好话。这些话听起来很顺耳，能让说话者得到宠信，但重点是这些预言后来都实现了。预言如果实现，将青史永著，反之将在风中飘散。

苏古今的儿子喀拉善被任命为小铁木真的老师后，制订了培养计划，并且教导他。喀拉善才华横溢、知识渊博，算是部落中的精英。他教小铁木真周边各部落的名字、统治者的姓名及其他相关知识，还有山川、江河及横亘在沃土之间的沙漠等地理信息。他还让铁木真练马术，对他进行各种体能训练，教他在骑马或步行的时候使用弓箭和马刀等各种武器，还特别教会了铁木真一边策马奔驰一边往各个方向射箭的技能——要想在实战状态保持冷静，以娴熟的技艺做到百发百中，这需要培养勇敢和专注的意志品质，并且经历大量的磨炼。

小铁木真以极大的热情投入各种训练，但很快就厌了，据说他到了九岁时只想练习使用武器。

对我们美国人来说，长到九岁被认为还很小，对小铁木真却不一样，毕竟亚洲人与西欧人和美国人观念不一样，小铁木真在这个年龄已经被父亲认为是成年了，至少可以结婚了。如果已有的史料没有错误的话，他也确实结婚了，并且在十五岁的时候就成为两个孩子的父亲。

铁木真快满十三岁的时候，父亲也速该在一次战斗中被金朝人打败。大部分部众逃脱，也速该被敌人的骑兵团团包围，最后寡不敌众当了俘虏。当时，金朝派人看守也速该。这些看守都住在马背上或帐篷里，也速该也没有专门被关在牢房里。他被拘押了一段时间，后来通过贿赂看守成功逃脱，回到了自己的领地。

也速该决定再次进攻金朝，这次他要动用更加强大的作战力量，遂与相邻的乃蛮部结盟，并出于巩固关系的目的让自己的儿子和乃蛮部的女性结婚。当时，铁木真年仅十三岁，妻子的名字用英语大概写作"Karizu（克尔依术）"——当然，这是她名字的其中一种写法了。克尔依术的父亲被称为"太阳汗（Tayian①）"。

不过，也速该还来不及完善自己的进攻计划，就生病死去了。②相传，也速该留下五子一女，尽管铁木真年仅十三岁，还是作为长子继承了父亲留下的政权——如果可以的话，姑且称之为"汗国（kingdom）"吧。

---

① 张作耀等主编的《中国历史辞典（第一册）》："太阳汗（？—1204），乃蛮部首领，名台不花。金朝皇帝封他为大汗，因而讹称为太阳汗（或译作塔阳汉）。铁木真击败王汗后，他十分不安，企图联合汪古部合击铁木真，汪古部不从。1204年，铁木真主动出击乃蛮部，他联合蔑儿乞、克烈、翰亦剌等残部迎战，兵败被杀。"——译者注

② 此处的记载和中国常见文献中的有较大出入，一般认为也速该是在1162年带着儿子到弘吉剌部求婚，在归途中被塔塔儿人毒杀的。元世祖至元三年（1266），也速该被追封为烈祖神元皇帝。——译者注

第 4 章　　*CHAPTER IV*

初　战（1175年）

The First Battle (1175)

蒙古人的语言和他们的邻居塔塔儿人的语言中有一个词，发音用英语表示像是"orda"，据说是"horde"一词的起源，意思是"由一个首领统治的、联合在一起的部落"。

也速该的这个"orda"在他死后由儿子继承。它由很多有自己族长的小部落组成。也速该被认为军事才能出众，能带着大家抗敌，所以大家都服从他。也速该死后，他的一切被一个十三岁的孩子继承，几个不服气的部落就准备发动叛乱。其中有两个部落首领认为自己比这个十三岁的孩子强，就彼此结盟并吸纳同伙加入，集结3万人的大军向铁木真宣战。

这两个部落分别是泰赤乌部 (Taychot[①]) 和首领札

[①] 泰赤乌部有一个首领名叫塔里忽台，看上去和这一段历史的记载比较符合，因为正是他和札木合在十三翼之战中与铁木真作战。但十三翼之战时铁木真不止十三岁。从下文中博尔术和铁木真一起作战的内容来看，此处记载的内容或许对应两人面对盗马贼的一次战斗，但盗马贼的身份不详。在后来的冲突中，塔里忽台确实继续帮助札木合，最终于1200年被打败。有的资料认为塔里忽台是在逃亡过程中被杀，也有认为他是被部下杀死的，头颅被砍下献给了铁木真。——译者注

木合①所在的部落。

在应对这个紧急情况的时候,小铁木真主要听从母亲的教导和指示,当然他本人也很勇敢,并且斗志昂扬。勇敢和斗志都是指挥作战的最重要品质,但恐怕制订初步作战计划时用不上。

因为是勇敢、斗志昂扬的人,铁木真自然就把作战计划全盘交给母亲负责,自己只考虑战马、装备和如何在战斗打响的时候策马冲破敌阵的事情。和也速该在世的时候一样,母亲诃额仑主要依赖相处多年的将领和谋臣,与他们一起制订作战计划。他们派人向信得过的部落送信,告知指定集合点、安排需要储备的物资,定下行军顺序和不同部落氏族之间的次序,以及其他事情。

铁木真现在只需考虑即将爆发的战斗,还有战术动作与射箭技巧的事情。这种彰显勇气的表现也不是全无用处,其所表现出的热情唤起了可信的

---

① 札木合(1164—1204),铁木真幼年结交的"安达"(结义兄弟)之一,曾在十三翼之战中一度击败铁木真,然后数次被击败,直到1204年被部下出卖送给铁木真,被以贵族礼节赐不流血而死。——译者注

首领及其军队的激情，他们都为铁木真的表现而自豪，也更加愿意全心全意地帮助作为年轻首领的铁木真保守江山。

当时还有一个叫博尔术①的年轻贵族，和铁木真年龄相仿。这位充满斗志的年轻贵族及其部落也忠于铁木真，他同样对接下来的战斗摩拳擦掌。

部队集结完毕后，铁木真和母亲指挥部队向叛军发起进攻。对方也做好了战斗准备，据史学家估计，叛军有3万人。当然，这个数字得不到部队注册登记制度（当时没有）和严格统计体系（当时也没有）的佐证，无疑和当时的其他历史数据一样都有所夸张。

战斗声势浩大。双方骑兵全速发动冲锋，彼此都落入了对方的箭雨射程之内。双方开始互相射箭，当距离进一步拉近，就拔出马刀，发了疯地往前冲。双方骑兵猛地相撞，现场的恐怖和混乱难以用言语描绘。各种声音交织在一起，有惊恐的叫喊声、愤怒的号叫声和痛苦的惨叫声，更有争夺胜利

---

① 博尔术（1162—1226），与木华黎、博尔忽、赤老温合称蒙古"四杰"，这四人也是蒙古精锐部队怯薛军的四大怯薛长。——译者注

的呼喊声。在战场上,有的人能稳住阵脚坚持骑马作战,有的人被打翻在地,消失在黄沙之中。不管是骑马作战,还是步行作战,士兵们挥动马刀一阵乱砍——人中刀以后就倒地不起,马被砍伤以后更加愤怒。

铁木真和博尔术与众人一起在混乱之中奋勇作战。围在身边的随从都认为不能让铁木真完全暴露在敌人面前,从而受到伤害,于是拼死维持阵型不动,这样敌人就无法靠近铁木真。相比之下,如今的19世纪是火药的天下,情况就很不一样了。在现代战场上,靠士兵的血肉之躯是挡不住远距离发射的步枪子弹和炸弹爆炸产生的弹片和冲击波的,要想保卫年轻的贵族或将领的儿子这一类的人物,基本是不可能了。

不管是随从护卫有功,还是运气实在太好,铁木真毫发无损,其勇敢的品质和战术也得到了见证者的肯定。诃额仑也在战场上,或许没有亲自作战,只是负责部队的指挥调度而已,即使这样也深深鼓舞、激励了大家,和铁木真一样极大地提升了军队的战斗力。叛军败逃，泰赤乌人伏诛，札木合逃走，土地归了诃额仑和铁木真母子。

当然，铁木真取得大胜更兼英姿卓然，没人再把他当个孩子，他已经是德配其位的优秀首领了，全军都奉其为领袖、统治者。年龄已经不重要了，铁木真已经可以用自己的名义全权统治部落了，他的手段也相当老练，表现得冷静和从容。铁木真向全军发表演讲并论功行赏，展现出非凡的品质，全军上下都认为他的确有帝王风范。论功行赏不仅是蒙古人的特色，也是那个时代的特征。可以作为赏赐的物品，主要包括马、武器、衣物及饰品等，都是马背上的民族视为至宝的东西。

铁木真胜利了，反叛者不再反抗，周边各部落纷纷提出结盟请求，其中一个部落首领提出要和铁木真的妹妹结婚以加强联盟关系。总之，战胜后的铁木真在周边部落中名声大噪，这是未来成吉思汗霸业的开端。

只有十四岁的铁木真在第二年娶了第二个妻

子，此人与他年龄相仿，叫弘吉剌·孛儿帖[①]，在当年年底为他产下一女。

巡视部落的时候，铁木真有时会带上妻子，有时又会把她们临时安置在安全的地方。又过了一年，弘吉剌·孛儿帖即将再次临盆，此时铁木真正准备远征。他担心妻子扛不住环境恶劣的征途，就把她留在家里。铁木真离开后，弘吉剌·孛儿帖被敌对部落的一队骑兵突袭。敌人不仅把铁木真留下的亲兵杀掉，还抢走了弘吉剌·孛儿帖和财物。把财物瓜分之后，他们就把弘吉剌·孛儿帖送给了邻近部落的首领王汗[②]，希望得到对方的青睐——对于这个后来非常重要的历史人物，我们将在第5章

[①] 成吉思汗正妻，成吉思汗驾崩后她仍然在世。至元三年（1266），她被追谥为光献皇后，至大二年（1309）被加谥为光献翼圣皇后。弘吉剌·孛儿帖一生有很多功绩，包括生下四男（术赤、察合台、窝阔台和拖雷）五女、力主和札木合分道扬镳以防被兼并、诛杀通天巫阔阔出以防汗国分裂等。在常见文献中，孛儿帖多被描述为铁木真的第一任妻子。——译者注

[②] 郑天挺等主编的《中国历史大辞典（上卷）》："又译王罕、汪罕。克烈部长。本名脱里，嗣父忽儿扎胡思为汗，因残杀兄弟，被逐，逃奔也速该。得也速该助复位，结为按答（安达）。"——译者注

专门叙述。必须指出，敌人之所以要把弘吉剌·孛儿帖献给王汗，是因为认为王汗一定会娶她。根据当时的风俗，可汗可以有多个妻子，并且娶越多的妻子越好。如果居高位者战败被俘，俘虏中年轻漂亮的女人会被作为最好的礼物送给附近的重要统治者，不管这个接受礼物的统治者年龄多大，何况有时年龄越大的统治者对这样的礼物越看重。

王汗年龄确实比较大，和也速该的年龄相仿。王汗多年前和也速该结盟，那时铁木真还很小，从那时起他就称铁木真为儿子。

所以，当弘吉剌·孛儿帖被使者带到王汗的帐内时，王汗这么说：

"她很美，但我不能娶她，因为这是我儿子的妻子，我不能娶我儿子的妻子。"

王汗还是把弘吉剌·孛儿帖留在自己身边，给她专门的地方居住，并且悉心照顾。

远征结束，铁木真返回了。了解到一切之后，他伤心欲绝。不久，他确定了妻子的所在，派人请求王汗送还自己的妻子，王汗立刻答应下来。弘吉剌·孛儿帖踏上归途，但因为儿子的出生耽误了一段时间。生下儿子后，她立刻继续赶路，因为一旦延误就会危险重重——可能会出现新的敌人，到时又要被当作俘虏。传说弘吉剌·孛儿帖用面团之类的糊状物裹住婴儿细嫩的四肢，以此缓解旅途中车子颠簸给孩子带来的不利影响。在回家的路上，婴儿就这样一直坐在母亲的腿上。

弘吉剌·孛儿帖母子平安到家，铁木真大喜过望。母子俩历经千难万险终于平安归来。铁木真给婴儿命名为"Jughi（术赤）"，取的是蒙古语中对应"平安归来（Safe-arrived）"的意思。

从此以后，铁木真掌权初期，部落顺风顺水，呈现一派繁荣的景象。但铁木真是个有野心的人，不满足于只继承父亲的首领之位。他一心谋划开疆拓土。某夜，铁木真梦见自己拿着刀的双手开始无限延长，遂张开双臂，想看看到底有多长，结果两只手臂分别指向东西两个方向。第二天一早，他把这事说给母亲听，母亲说这意味着他注定成为伟大的征服者，这两个方向就是开疆拓土的方向。

然而，繁荣的盛景在两年之后便开始衰退。因为不满铁木真的统治，一些归附的部落开始阴谋夺权，甚至铁木真的部落内部也出现了叛乱。反叛在多地发生，铁木真疲于应付。他曾一度沦为阶下囚，最终又设法逃脱。最终，他提出要和反叛者谈判，希望能让他们满意并且再次归附，还准备满足他们提出的几乎所有要求。但反叛者们是不会满足的，他们真正的目的是要让铁木真下台，然后一起瓜分铁木真的土地，或者选一人出来取代铁木真，成为新的可汗，统治大家。

铁木真最后发现，反叛者是不会接受招安的。反叛者的声势浩大，而跟随自己的部众则越来越少，铁木真沮丧气馁，怀疑自己是不是真的因为太年轻而无法统治大家。曾经由他统治的部落，如今遍地游荡着野蛮且好战的人。铁木真决定先暂时放弃统治，等局势稍有改变（至少自己年长一些）再做打算，遂和母亲决定暂时先退位。当然也存在另一种可能，就是诃额仑积极制订了一个计划，并且说服铁木真接受。

计划是这样的：派遣使者请求王汗保护自己一段时间，直到部落内部争端基本结束为止。如果王汗同意，就指定铁木真的叔叔为摄政 (regent)，诃额仑则嫁给一个叫蒙力克 (Menglik) 的埃米尔[①] (意思大概相当于"国王")。蒙力克将成为摄政之下的丞相 (prime minister[②])，享有与各部落首领不同的特权。在铁木真回归前，摄政和丞相管理一切事务。

计划进行顺利：王汗乐意接受并保护铁木真。他说，出于和也速该之间的情谊，自己很乐意这么做。诃额仑嫁给了一个埃米尔，埃米尔成了国中地位第一的贵族。铁木真的叔叔宣布摄政，称在铁木真回归之前拥有管理部落的一切权力。一切被安排妥当后，铁木真携家眷、仆人和部众，在6000人的保卫下前往王汗的领地。一行人中也包

---

① "埃米尔"是穆斯林贵族的头衔，原作者使用错误，当时蒙古贵族信仰长生天。——编者注

② 作者在写作的时候，将蒙力克等人在部落中的地位和欧洲王室中的丞相、摄政等官职对等。实际上，蒙古草原上的这些政权当时处于原始部落时期，应该不可能出现丞相、摄政等官职，即使出现应该也不是用这些名称，请读者注意。——译者注

括从童年时期就被指定为铁木真老师和监护人的喀拉善。

护卫部队的力量很强大,所以铁木真一行人没有受到任何骚扰,最终安全到达王汗的王庭。

第 5 章　　*CHAPTER V*

王　汗（1175年）

Vang Khan *(1175)*

王汗的领地和金朝接壤，他的部落被称为克烈部（Karakatay），所谓金朝就是我们前面提到的、这一时期的中国北方的政权。从"Karakatay"这个单词可以看出，克烈部所在的位置实际上是塔塔儿人所居的金朝土地，算是金朝的附庸。

王汗并非名字，而是一种头衔。王汗的原名叫脱斡邻（Togrul），王汗这个头衔是在他具有一定实力后得到的来自金朝皇帝的封号。在书中，我们直接使用"王汗"，不使用"脱斡邻"这个本名。

王汗生于一个大家族，祖先个个都是实力强大的可汗，世代统治着克烈部。这些可汗野蛮成性，无视法律，热衷于争斗——或为了权力，或为了财产，或为了牲畜。即便是很近的亲戚之间，彼此也会不断爆发惨烈的战争。王汗的祖父马尔忽思在战斗中被另一个可汗抓住，对方因憎恨马尔忽思此前对自己的所作所为，不顾亲戚关系把他遣送到偏远的库尔干，并将其交给当地的国王发落。库尔干王把马尔忽思装进袋子里，用线缝死口子后钉在木驴上，马尔忽思在饥渴和窒息的痛苦中死去。

马尔忽思的妻子得知丈夫遭到这种虐待，十分愤怒，决定复仇。把其亡夫抓去献给库尔干王的那位亲戚，在她结婚前，曾是她的情人，于是她派人给这个亲戚送信。从信中似乎读不出她因丈夫过世而感到悲伤，她只是谴责库尔干王残忍地害死了自己的丈夫。然后，笔锋一转，她说，虽然光阴流转，但自己对这个亲戚的感情还在；要是这个亲戚还有重拾旧爱的想法，赶快告诉她，他们可以马上成亲。马尔忽思的妻子还说，只要这位亲戚去指定的地方，她就会赶赴那里相会。

收信人也是一个首领，叫纳瓦尔，阅后立刻对这位美艳的寡妇旧情复燃，接受提议并赶往约会的地点。当然，他也带了少量由亲信组成的卫队。为了避免引起纳瓦尔的怀疑，马尔忽思的妻子也只带了少量卫兵，还带了一队装满粮食、衣物，以及作为新婚妻子献给丈夫礼物的牛车。不过，牛车上装有大量木桶，木桶都是特制的，能被快速打开。里面藏着全副武装的士兵，只需一个信号，他们就能从里面打开木桶，然后投入战斗。

当时，蒙古人和塔塔儿人都有酿酒的习惯，所以有的木桶里还装了酒。见面以后，马尔忽思的妻子热情地问候纳瓦尔，并设宴招待纳瓦尔一行。纳瓦尔应约赴宴，不装人的木桶都被打开了，这是献给对方的礼物。宴会期间，给纳瓦尔一行人上的都是很容易喝醉的酒，马尔忽思的妻子一行则尽力保持清醒。时机已到，马尔忽思的妻子发出信号，同时拔出腰间的利刃插入纳瓦尔的心脏。埋伏在木桶里的士兵加入了战斗，对手在醉酒和遭到突袭的状况下毫无抵抗力，不是被抓，就是被杀。

马尔忽思的妻子复仇成功，集结队伍，装好战利品，胜利返回了。

这都是亚洲学者写出来的故事，可能进行了文辞修饰，但传递给我们的信息能让我们对半野蛮状态下的王汗这样的族长的生活有所了解。王汗是马尔忽思的长孙，他的父亲是马尔忽思的长子。相传，王汗十岁时就常和父亲一起上战场，正是在这样的情况下他和也速该结为"安达"（意思是"结义兄弟"），这才有了上一章中他称铁木真为"儿子"并且拒绝迎娶铁木真妻子的事情。王汗在父亲死后作为长子继承汗位，但遭人嫉妒，长期和亲戚（尤其是带头反对自己的叔叔）斗争，最后失败逃走了，并一度在也速该的部落避难。也速该对王汗很好，真心保护他，还在后来出兵驱逐了王汗的叔叔，帮他夺回了统治权。在也速该的领地，王汗和少年铁木真很快热络起来，他称铁木真为自己的儿子。如今，铁木真仿佛当年那个在也速该部落中避难的王汗，王汗本人也对能有机会报恩感到非常高兴，对铁木真也很好。

对于王汗，有一个很有意思的记载。亚洲基督教传教士认为，王汗可能是欧洲著名的"祭祀王约翰（Prester John[①]）"。这些传教士写信给教皇和各个基督教国家的统治者，夸大自己的传教功绩——说在波斯、突厥和塔塔儿的传教工作都很成功，还说塔塔儿的大汗皈依后成了传福音的祭祀王约翰。"Prester"可以被认为是从"presbyter"一

---

① 12世纪到17世纪欧洲传说中的著名主角，与其相关的传说大多是虚构的。——译者注

词转变而来。这些信用大量篇幅描写了作为塔塔儿人的祭祀王约翰的转变情况,还附上了几封祭祀王约翰致教皇和几位欧洲国王的信,相传有几封还被保留到了19世纪。祭祀王约翰在信中告诉当时的法王,说自己有巨额财富和广袤的土地,统治着70个国王,并邀请法王前来参观,如果愿意就给他一个王国,并让他成为自己的继承人,在自己死后继承一切财产和领地。类似的信还有很多。

这些信的内容也都差不多,信里说越来越多的人对基督教感兴趣。这不仅是因为当地王室的皈依,更主要是因为传教士努力传教。当然,因为传教士努力传教,基督教在祭祀王约翰的领地取得了很多传教成果,还有很多新成果正在形成。

以现代①的眼光来看,这可能都是传教士们虚构的,起码有所夸张。这些信应该不是统治者写的,而是出自传教士之手。但也有统治者支持传教士,允许他们在自己的领地传教,这个人有可能就是王汗。

---

① 指19世纪,下同。——译者注

总之，王汗是很强大的统治者，统治的疆域也很辽阔。他定都于哈拉和林，铁木真从自己的营地出发要走十天才到。

王汗很照顾铁木真，对他很好，承诺会保护铁木真并帮助他重夺统治权。铁木真也承诺，自己会为王汗服务，尽全力帮助他。

第6章　*CHAPTER VI*

铁木真流亡（1182年）

Temujin in Exile (*1182*)

在王庭，王汗给予铁木真非常高的地位。这很合理，毕竟铁木真也算是一位正处当打之年、言谈举止都很有吸引力的王。虽然他现在处于流亡状态，但在自己的部落中绝不是一无所有或毫无希望的人。铁木真的家人和朋友在他的部落中仍然起着重要的作用，并且他还是带着军队投靠王汗的。铁木真勇敢且军事技能过硬，做好了随时回报王汗保护之恩的准备。一言以蔽之，铁木真到了王汗的王庭是一个大新闻。

起初，大家都很喜欢铁木真，他很受欢迎。但不久后，王汗的其他贵族和邻近部落的首领就开始嫉妒铁木真。王汗给予铁木真特权，是因为他很喜欢铁木真，也是因为铁木真在自己这里算是一位当权的王，地位肯定比其他附属于自己的部落首领高，而那些觉得自己被看低的人自然会不满。起初他们只是背地里说一两句闲言碎语，之后开始把话摆上台面，最后甚至直呼铁木真为"新宠 (the new favourite)"，甚至开始设计一些反对他的阴谋。

很快，一件大事的发生，大大增加了众人对

铁木真的敌意，而反铁木真派系也迎来了一个强大的领袖，即札木合。札木合爱上了王汗的女儿韦苏鲁吉娜①公主，于是向王汗求婚。我们不知道求婚的细节，但铁木真来到这里后，公主明显变得倾心于这个新来者。与札木合这个"旧爱"相比，"新欢"铁木真无疑更年轻、更英俊，取得的成就也更大，不久她就对自己的父汗说更愿意嫁给铁木真而非札木合。铁木真已经有两位妻子，但这不要紧，毕竟这些王公贵族只要有足够的财力，无论是过去还是现在都可以过一夫多妻的日子。最终，札木合被拒绝了，韦苏鲁吉娜嫁给了铁木真。

札木合大发雷霆，发誓马上要报复，遂与不满铁木真的人和势力勾结在一起，甚至包括出于某些原因反对王汗政权的人。他们制订了一个杀害铁木真的阴谋。

密谋者们首先尝试跟王汗抱怨，尽力往铁木真身上泼脏水，但没有用。铁木真有很多支持自己

---

① 王汗属克烈部。《新元史·后妃传》中嫁与铁木真的是克烈部的"亦巴合别乞"，她是王汗之弟札合敢不的长女。——编者注

的老朋友，凭借自己的勇敢和能力又结交了很多新朋友，如果发生正面冲突，他的势力比反对者还大，所以铁木真的反对势力起初几乎遭到彻底的失败。

最终，反对者和外部势力形成了联盟，向王汗和铁木真宣战。关于这个联盟的具体信息既不完善也很混乱，只知道他们通过各种手段集结了大批军队，准备进攻王汗的领地，争取一次性解决问题。集结起来的军队来自不同的部落，按照当时的风俗，首领们歃血为盟，庄严宣誓将战斗到底，直至彻底消灭王汗和铁木真为止。

宣誓的过程是这样的：大家来到一个开阔的平原，牵来一匹马、一头野牛和一只狗。宣誓的人发出信号，大家一齐挥刀砍去，三只动物都被砍为肉泥。之后大家站在一起，大声喊出誓言：

"神明在上！天地在上！这是我们反对王汗和铁木真的誓言。先抓两人而后释放者，或背盟而不杀二人者，命与此兽同！"

反对者们站在散落着野兽血肉的地上，他们的宣誓过程是很庄严的。

整个战备过程都是高度机密的，但消息还是在一段时间后传到了王汗的都城哈拉和林。闻听消息的铁木真异常激动，遂提议率领自己的军队和王汗的军队去迎敌。王汗同意了，于是铁木真留下王汗总兵力的一半守城，自己带着其余兵力出征。他直奔敌军的集结点，历经多日跋涉以后，终于在敌军就位前赶到。双方排兵布阵，你来我往。铁木真希望把叛军拖入战场，对方则选择四处躲闪，这是因为联盟还有一些军队未到达，必须争取时间。

排兵布阵终于结束了，真正的战争就要打响了，但一天，铁木真很惊讶地看到王汗本人率领一小群愁眉苦脸的扈从，牵着精疲力竭的战马走进了自己的营帐，看这阵势像是刚刚从战场上捡回一条命似的。经过解释，铁木真了解到，王汗附近的敌人得知铁木真离开哈拉和林的时候带走了他的大部分兵力，遂集结大队人马发动入侵，突袭哈拉和林。王汗全力守城，但还是失败了。大部分守军或战死或沦为俘虏，都城也被占领，还惨遭劫掠。王汗的儿子带着足够自保的军队躲进大山，而他和这些扈从则星夜兼程逃到了铁木真的营帐。

起初，铁木真对发生的一切深感震惊，但还是安慰了王汗，让他不要消沉，自己会在战场上大获全胜，全力帮他报仇，遂着手谋划接下来的战斗。他把军队的主力还给王汗，自己和另一位地位稍低的部落首领分别率领军队两翼依次投入战场。

战斗是胶着且血腥的，但铁木真一方取得了最终的胜利，落败的对手被赶跑了。不过，胜利来得并不容易：战斗进行了很长时间，结局不明朗，直到铁木真及他那一侧的军队以破釜沉舟的决心全力冲进敌军的腹地，一路无人能够阻挡。很快，对手就被彻底击溃，逃出战场。

胜利提升了铁木真作为将领的声誉，王汗对他更有信心了。叛军基本被平定，王汗虽然回到哈拉和林，但这并不意味着复位，因为他的一个弟弟已经登上汗位，开始管理事务了。这个弟弟叫额儿客合剌，是反铁木真派系的重要领袖。这也很正常，他作为王汗的弟弟，一旦王汗有了新宠，自己作为主要人物之一必然受到冲击，因此他便加入阴谋团体，反对铁木真和王汗。只要能把王汗赶出哈拉和林，他就能成为可汗。从这个角度来说，确实可以把额儿客合剌看作叛军的首领，但问题是铁木真现在应该如何剥夺其权力，帮助王汗复位。

铁木真马上开始谋划：战后他先集中兵力，并与几个犹豫该如何站队的部落协商。铁木真的胜利帮他们下定了决心。叛军也不是坐以待毙。他们重整旗鼓，尽力增兵。额儿客合剌同时在哈拉和林尽可能增加物资储备并巩固城防。第二年，双方终于为决战做好了准备，铁木真再次获胜，额儿客合剌可能被杀了，也可能被放逐。王汗带领胜利之师进入哈拉和林，夺回了自己的汗位。

铁木真的地位也因此达到了前所未有的高度。他现在二十二三岁，已经是三个妻子的丈夫，当然我们不知道这些妻子是否都和他待在一个地方。铁木真像所有勇敢善战、神采奕奕的青年将领一样在军中受到拥戴。王汗也很依赖他，给予他一切所能给予的荣誉。

第 7 章　　*CHAPTER VII*

与王汗决裂（1182年—1202年）

Rupture with Vang Khan (*1182—1202*)

铁木真留在王汗的王庭（或者说，他的领地）很多年，为他效力，两人相处得很和睦，但最终还是反目成仇。这章就跟大家介绍一下相关情况。

作为王汗的弟弟，额儿客合剌一度趁乱篡位；据说，王汗复位后杀死了额儿客合剌和另外几个叛军的首领，剩下的几个叛军首领成功逃回并重新控制了自己的部落。有一点必须搞清楚，在当时的蒙古高原，并没有出现有固定疆域的邦国(state)或汗国，应该把蒙古高原看作一个整体，其中有大量被称作游牧民族(hordes)的、生活在马背上的人。他们不会长期在一个地方定居，当然流动的范围也不是完全不受限制。一般来说，很多氏族或部落的流动就是缓慢地在高山和平原之间移动，影响因素包括牧草的枯荣、战争的胜败及可能存在的、来自敌对部落施加的压力。同样，有时可能存在一个大汗控制多个部落的情况，比如我们这里提到的王汗，但这种统治是很脆弱的。假如部落之间爆发战争，它们的关系自不必多说；但如果处于王汗政权目前的状态，部落与部落之间的关系其实是很微妙的，介于臣服与反叛之间。

同为部落首领，札木合对铁木真恨之入骨，因为他抢走了自己心爱的公主，她已成为铁木真的第三位妻子。在王汗击败自己的敌人并且复位的这段时间，札木合逃出了王汗的领地，在远离哈拉和林的部落中生活。过了一段时间后，他开始和王汗的儿子密谋起事，这个儿子的名字用英语来拼写，大概可以写作"Sankum（桑昆）"，如果要进一步突出其读音特点，一些学者就将其写作"Sunghim"。

札木合轻易就让年轻的桑昆同意了与自己的合作。当然，作为王汗之子，桑昆的立场很明显，毕竟铁木真对王汗的影响力日益增加，这在一定程度上意味着桑昆应有的地位受到了威胁。

札木合在密会桑昆时说：

"铁木真的光芒掩盖了你的影响力，他恐怕也有成为你父亲继承人的计划，也就是取代你，窃取本属于你的合法继承权。"

对札木合的话，桑昆言听计从，两人遂达成一致。桑昆向王汗进谗言，目的是让札木合返回重新为王汗服务。札木合装出悔改的姿态，企图再次和王汗结盟。之后又过了一段时间，桑昆开始说服王汗，请他允许札木合回归。

一团和气的背后是暗潮汹涌：札木合不仅一如既往地在爱情和事业上嫉妒铁木真，而且感受到自己内心那前所未有的强烈的复仇冲动——但这些都没有表现出来，至少这些矛盾没有公开化。王汗和周边游牧部落的冲突一直持续，军事上他非常依赖铁木真。铁木真掌握着一支大军，包括他自己的军队、自愿听从铁木真命令的军队及王汗交给他管理的军队。铁木真任命四位将领管理军队，他们都是勇敢善战的大将，被称为"四勇将(four intrepids[①])"。铁木真惯于带兵四处巡视，要么搜捕王汗的敌人，要么深入千里之外的平原和山地，找出对王汗有潜在威胁的敌人，然后打击他们，劫掠他们，对他们的进攻发动反击或报过去的一箭之仇。

---

① 对应的可能是成吉思汗"四杰"。——译者注

铁木真深受下属的爱戴。士兵们通常都会喜欢勇敢无畏且精力充沛的上级，因为这样的上级不仅能制订高超的作战计划，还能出色地完成计划。士兵们都不顾危险地追随铁木真，一方面当然是因为死去的士兵已经不可能再开口抱怨了，另一方面是因为那些活下来的士兵只会庆幸自己在历经危险后得以全身而退，同时收获崇高的荣誉。

对于自己人来说，铁木真确实很受欢迎；但铁木真及其部下毕竟都是半开化 (half-savage) 的勇士，一旦铁木真发起火来，他们对敌人可是没有人性的。据说，在一次战斗中，铁木真打败了叛乱部落和他本人仇敌的大批军队，对方的幸存者多半都被他抓了起来。然后，铁木真命人架起70口大锅，把水烧开，再把抓来的敌人主将头朝下地扔进去活活煮死。敌人的领地被占领了，抓来的所有妇女儿童都被卖为奴隶，他们的牲畜和财宝自然也都被夺走了。将敌人打败，然后夺取他们的财物并且把战俘卖为奴隶，这些都是当时的习俗，没什么奇怪的。但竟然可以把囚犯活活煮死，这体现了铁木真性格中血腥残暴的一面。不过,这也可能是札木合、桑昆或其他铁木真的敌人编造的,历史上可能没有真的发生过。

札木合、桑昆及其他阴谋叛乱者想通过持续削弱铁木真对王汗的影响力,进而实现从铁木真手中夺权的目的。但相对于这些阴谋叛乱者,铁木真的实力太强大了,仅军功一条就是对手远不能及的。其实,就王汗自己而言,铁木真同样是一个让他既敬爱又畏惧的存在;他不愿意反过来依附曾经臣服自己的首领,但他改变不了这个局面,换句话说,铁木真功高震主,更何况铁木真的权力和地位还在继续提升。即便想悄无声息地和平解决这个问题也是做不到的:王汗居住在哈拉和林,铁木真通常在远离哈拉和林的地方带兵,并通过自行募兵维持军队的人数,这样就算因为供给不足或战败导致人员损失,也能及时补上。

王汗那边不时需要铁木真伸出援手,他根本就离不开铁木真的援助。有一次,遥远的群山之中爆发了一场重要的战役,札木合成功激起了王汗对铁木真的疑心，以至王汗为了摆脱札木合所谓的铁木真阴谋，甚至连夜拔寨，以便与铁木真的营地远远隔开。结果，反而在新的宿营地遭到大队敌人攻击，为解困不得不立刻派人请铁木真和"四勇将"前来救驾。铁木真赶来击败敌军，救了王汗。王汗一度感激不尽，和铁木真彻底和解，关系又好了起来。这让札木合感到失望、懊丧。铁木真和王汗建立了新联盟，以"双重联姻 (a double marriage)"作为联盟关系确立的标志，即彼此让一个儿子娶对方的一个女儿。

就算是这种新的联盟关系也没有持续很久。王汗渡过了危机，就又开始听信札木合和桑昆的谗言；他们坚称铁木真绝对是一个信不过的危险人物，野心勃勃又不服管，眼下他只是在等一个掀起一场叛乱的时机，他的最终目标就是夺取汗位。为了证明自己的观点，札木合和桑昆说了一大通，但大部分都是夸大其词，还有一部分甚至是无中生有。两人再次成功让王汗对铁木真起了疑心，也让他下定决心要除掉铁木真。

于是，王汗找了个借口，以一道命令把铁木真遣出哈拉和林——他甚至不敢在自己的都城害铁木真，因为王汗的卫队和城内其他守军都支持铁木真。同时，王汗还派人送信给铁木真的部落，劝其中的主要人物站到自己这边。铁木真离开部落时年仅十四岁，因为母亲改嫁给大贵族蒙力克，铁木真不在的时候，她便与蒙力克联合摄政。王汗派人送信给蒙力克，建议联合除掉铁木真，他在给蒙力克的信中这么说：

"您固然没有兴趣取而代之，毕竟您已经娶了铁木真的母亲，但容我这个外人说一句，您和铁木真之间可没有什么关系。如果推翻他，您就一定能当上蒙古人的大汗 (Grand Khan)；但现在您之于铁木真，只处于从属地位——他随时可能会回来，那时候您可就一无所有了。"

王汗希望这样能诱惑蒙力克加入，帮自己消灭铁木真。至少，就算最后还是要自己动手，蒙力克也不会恨自己，但蒙力克收信后的反应完全出乎王汗的意料。蒙力克面上没有表示，却决定给铁木真报信，于是他立刻前往铁木真的营地，准备把王汗的阴谋告诉他。

王汗早已做好了准备，跟铁木真约定了一个地点讨论联姻的事情。铁木真并不怀疑，他以高规格接待了信使，答应要按时赴约。铁木真做好准备后带着大批扈从和信使一起上路，却在半路遇上了蒙力克（也可能是被蒙力克追上的），他当即告知铁木真其危险的处境。铁木真相信蒙力克，找借口推迟了行程，同时让信使带信给王汗，接着让信使先走，自己却返回了营地。

前面说过，王汗因担心在都城除不掉铁木真，所以将其遣出哈拉和林。此时，铁木真的营地距离哈拉和林有一定的距离，并且固若金汤，有守军和"四勇将"驻守。喀拉善也和铁木真一起为王汗效力，他已经习惯了陪在铁木真左右，两人一起南征北战，亦军师亦朋友。

王汗从归来的信使那里得知铁木真不愿赴约，知道铁木真已经开始起疑心，遂决定立刻出发给铁木真致命一击，否则铁木真就会变得更加警惕，但他始终还是低估了铁木真在哈拉和林的人气。负责为王汗养马和做杂事的奴隶巴歹和乞失里黑，偶然在一次端着奶往王汗的大帐送的时候听到王汗跟其中一位妻子提到了自己除掉铁木真的秘密计划，就报告给了铁木真——计划是发动夜袭。军队预计清早出发，王汗率领优势兵力突入铁木真的军营，一鼓作气将其拿下。对铁木真及其将领，要么杀掉他们，要么把他们全抓住。

手下人能听到对话的内容倒也不奇怪，毕竟那个时候亚洲民族使用的帐篷甚至某些房子都是用非常薄或脆的材料建成的，外面罩上毛毡、帆布之类的东西，基本是不隔音的。

两个奴隶决定连夜到铁木真的营地去提醒他。等天一黑他们就悄悄离开，赶了一夜的路，终于在第二天清早赶到铁木真的营地报信。铁木真大吃一惊，但好歹几天前已经听了蒙力克的警告，也不算是全无准备，于是立刻召集喀拉善等人开会讨论对策。

铁木真决心避其锋芒：奴隶们清早来报信，晚上王汗的部队将杀到，当下要立刻为营地做一番准备。铁木真计划全军先撤出，在营地四周设伏，并留下部分士兵于夜幕来临的时候点亮灯火，给人一种全军都在军营中的假象。铁木真猜想王汗会按照他们事先定好的计划发动突袭，就决定打他们一个措手不及，希望靠这一招打败并且驱赶来犯之敌。但问题是，王汗带来的军队必然比铁木真现有的军队强大得多，铁木真等人对此很清楚。

第 8 章　　*CHAPTER VIII*

矛盾激化（1202 年）

Progress of the Quarrel (*1202*)

铁木真的策略收到成效了，他马上让大家转移一切贵重物品和妇女儿童，然后集结部队前往事先选定的埋伏点，埋伏点位于营地约两里格①的位置。营中只留下一小队晚上点亮全部灯火的卫兵，铁木真本人藏在群山间靠近王汗必经之路的一处小山谷，小山谷非常狭窄，两侧险峻的岩石可以提供掩护，入口处还有一片遮挡视线的树林。河流入口附近有小溪流过，任何人要通过必须蹚过去。

铁木真一到埋伏点，就立刻和军队进入山谷隐蔽起来。

守营的士兵按照命令，夜幕降临的时候就点亮所有灯火，远远望去真就像是住满人的样子。士兵们要一直留在这里管理这些灯火，直到他们发现敌人攻过来，自己再设法悄悄地脱身。

铁木真和自己的部队几乎只花了一天的时间就做好了准备和埋伏工作，全军在傍晚时分进入山谷。

---

① 古老的测量单位。在陆地上时，1里格通常被认为是4827米。——编者注

伏击圈刚刚设好，王汗的军队就到了；他本人没有亲自带兵，只是让桑昆和札木合打头阵。当然也有这么一种可能，即王汗只是批准了计划，桑昆和札木合靠花言巧语哄得王汗同意了自己的计划，否则（如果王汗能识破阴谋）这场大战断然不会爆发。桑昆和札木合小心翼翼地带兵前进，眼见铁木真的营地灯火通明，不禁暗喜：看来自己的这个宿敌势单力薄，终于到了将其击败的时刻。

桑昆和札木合带兵悄悄靠近军营，走得很急；他们挽弓搭箭，营帐瞬间就遭到雨点般的箭的袭击。两人认为数千士兵一定会冲出帐篷抱头鼠窜，但箭射完了还是一片寂静。桑昆和札木合有点吃惊，稍后命人再次射箭，还是没有发现对方有什么动静。他们带兵摸进军营，发现是空营。两人的士兵骑着马、举着火把，一圈圈地绕着军营看，试图找出一些蛛丝马迹。他们很快找到了痕迹，并且马上出发，试图"追击逃敌"，还大声招呼其他人跟上。一些人一听到命令就跟上了，另一些人暂时没听到命令，或试图找到更多线索，或找人问下一步计划，总之分布在军营的四周。当然，最后大家都知道发生了什么，顺着痕迹追击，场面很混乱。大家都觉得铁木真的军队胆怯，所以逃跑了，于是迅速追击，希望抓住机会赢得一场轻松的大胜。

但铁木真等人在这时冲出了伏击点，他们的部队井然有序、阵形整齐，坚定地踏步前进；部队得到将领指挥，秩序井然且斗志昂扬，对敌人发起进攻。两军交战，场面骇人，铁木真没有悬念地大获全胜。偷袭方的秩序本就混乱，又被压制，很多人在混乱中被战马踏死在铁蹄之下，很快就死伤过半，侥幸活下来的则掉头逃跑。桑昆面门中箭，差点摔下战马，于是骑马狂奔逃跑。逃出来的士兵都往哈拉和林狂奔，溃不成军。

经此一役，王汗也没法再掩藏对铁木真的敌意，双方的战争进入正面冲突的阶段。

我们在研究中所参考的资料显示，很多史学家提及铁木真的生活和冒险时都会不同程度地介绍这场战争。综合历史学家的记载，可知此战后双方都开始和邻近部落商谈，邀请他们和自己结盟，形成了一种竞争，彼此都希望获得更多部落支持。铁木真争取到很多塔塔儿人首领的合作，与他们结盟，塔塔儿部落在当地或附近山区生活，有的是铁木真的亲戚，有的是被铁木真说服后加入他这一边，被说服的人相信铁木真最后会比王汗强大。在某种意义上，这些支持铁木真的人是军人，更是政治家，他们希望战争结束后自己能站在赢的人这边。

有一位可汗叫图尔克依力，他的部落实力强大。铁木真接近图尔克依力的领地，起初还不确定他的态度，问他是否愿意维持两人多年的友谊。图尔克依力本来还举棋不定，但当看到铁木真带领大军压境，像是要针对自己，遂决定宣布拥护铁木真。

其他的游牧部落首领大概也是以类似的方式加入铁木真阵营的，这大大增加了铁木真的兵力。在行军过程中，铁木真和追随者来到一条小河边，据说河里流淌着咸而不宜饮用的苦水①。铁木真等人在河边驻扎下来，举行了最庄重的结盟仪式：在河边以一匹马为祭品，铁木真喝下河水，向上天祷告，祈祷苍天见证自己庄严的誓言，只要活着他就与大家同甘共苦，如有违背就天打雷劈，参与盟誓的将士们也说出了自己的誓言。

将士们一直铭记着与这个仪式有关的事情，所有列席并宣誓的人事后回忆时都透露着自豪的情绪，他们对这件事极其珍视。很长时间以后，成了成吉思汗的铁木真在权力和荣誉上已经无人能及，当时的将领们都认为，那次庄严的盟誓相当于一场授予贵族头衔的仪式，只要参与了，与那些当时没有参与的铁木真的其他追随者相比，自己和自己的后代就永远高他们一等。

宣誓结束后，铁木真感觉到自己的势力确实很强大了。他带着大军继续前进，到达距离王汗领地不远的一个湖边，安营扎寨。铁木真想试探一下王

---

① 在中国常见的资料中，被称为"喝带着泥浆的班朱尼河的苦水"，也有称为"班朱尼湖"的。——译者注

汗，于是给他写了一封半规劝半抱怨的信，内容大致如下：

  多年前父亲还在世时，您被敌人夺权。我的父亲前去救援，帮您打败敌人，助您复位。

  后来，我到您这里来，您的弟弟额儿客合剌伙同玛卡特部和乃蛮部联合起来对付您，被我打败，帮您复位。您身陷困境，我拿出自己的羊群和一切财产与您共享。

  还有一次您的处境极其危险，派人来求我的"四勇将"前去救援，我立刻派出他们，不仅救您于危难之中，还帮您打败敌人，夺回大量战利品。

  其他可汗也曾多次联合起来对付您，我给了您最有效的帮助，制服了他们。

  那么，为什么您这么多年从我这里

获利这么多，还要设计毁灭我，并且行事这么卑劣呢？

王汗可能多少被打动了，但他深受桑昆和札木合的影响，难以独立决策，遂写信给桑昆，问他该如何回复铁木真。桑昆在新仇旧恨之下读到这封信，更加愤怒，完全没有妥协的意思，坚持要复仇。

居住在王汗领地周边的塔塔儿部落和蒙古部落的可汗们听说王汗和铁木真决裂了，意识到两人必然爆发权位争夺战，并且必然是一场大战，遂对此事愈加感兴趣。铁木真主动和他们协商，力劝他们站在自己这一边。相对而言，铁木真更年轻，势力蒸蒸日上，而英雄迟暮的王汗却只能对桑昆和札木合言听计从。铁木真的作战能力已经非常出众，广受敬重，名声越打越响，王汗的荣耀却在渐渐褪色。可汗们大多主动支持铁木真，当然被迫站队的也有。对于另外一些可汗，铁木真许诺一定将他们从王汗的暴政中解放出来。铁木真自称是长生天①派到人间救赎的使者，亚洲的游牧部落非常迷信这一套，认为长生天的使者擅长用兵，会为大家的利益而战。

除了上述部落或民族，铁木真自己领地的蒙古人也支持他。蒙力克此时掌权，他非常高兴地接待了铁木真，过去的臣民也非常拥护铁木真，大家承诺全力支持他。

一段时间后，铁木真以类似的方式继续扩大追随自己的队伍。他的地位已经巩固，再次派人和王汗商谈。王汗开会讨论铁木真的提议，桑昆和札木合却绝不妥协，桑昆甚至亲口对使者说，除非铁木真及追随者无条件投降并承认王汗为合法的统治者，否则不接受任何和平提议："告诉这些叛乱的蒙古人，除非彻底服从可汗，否则就不要想有和平。至于铁木真，下次相见，我就会一剑杀了他！"

之后，桑昆和札木合立刻向铁木真的部落发

---

① 长生天是蒙古族的最高天神，即蒙哥·腾格里。——编者注

动了小规模的掠夺战,但被铁木真的军队赶跑了,目标也就没有达成。但这些小冲突让矛盾愈加激化,最终导致双方为了更大规模的正面冲突而备战。

第 9 章　　*CHAPTER IX*

王汗之死（1202年）

The Death of Vang Khan ⁽*1202*⁾

铁木真及其盟友在曼科卢勒开大会，主要讨论接下来的仗该怎么打。所有宣示反对王汗的部落首领和可汗都被召集了，大家带着大批军队和护卫赶来共商大计。有人提议再试试看能否和王汗和解，但铁木真最终让大家相信，除非大家一起向王汗无条件投降，否则没有和解的可能，王汗一定要把参与反抗的人全部消灭才满意。大家最后一致决定，各自返回，招兵买马，扩充军队，尽最大努力迎接这场战争。

铁木真正式被任命为军队的最高统帅，循例在任命的时候会授予像他这样的统帅一把被称为"黄玉(topaz)"的权杖，这意味着授予指挥权。权杖授予的过程非常庄严，而铁木真为接受权杖开出的条件是，每个人都要服从他并且及时执行命令，不得违抗；对于抗命不遵者，铁木真享有处罚的绝对权力，他做出的决定不得被任何人质疑。众人郑重地接受了这些条件[1]。

---

[1] 授予权杖的内容，可能是原作者站在西方视角进行的想象。——编者注

铁木真也遵从被授予权杖后的标准程序，开始按部就班论功行赏，奖励那些支持自己并且反对王汗的人。他利用这个机会奖赏了连夜来报信的巴歹和乞失里黑，不仅解放了他们，负担他们一辈子的生活开支，还把他们列入豁免权(exempts)的名单。享受豁免权的人自成一阶级(class)，一般只有在公共事务中做出伟大贡献的人，才会被授予豁免权。获得豁免权，意味着可以享受一系列特权，包括免税、保留所有缴获的战利品（不享受豁免权的人，就要上交一部分战利品给可汗）和无需像其他人一样等待批准、直接面见可汗等。更特殊的一点，享有豁免权者可以犯罪九次而不受惩罚，从第十次开始接受惩罚。巴歹和乞失里黑享受的特权还可以由后代继承，一直传承到第七代。

给予这么优厚的奖励，铁木真无疑是要重谢两人让自己和军队免于毁灭，但这只是一个方面的原因。另一方面，铁木真要让追随自己的人相信，只要肯为自己和自己的事业卖命，一定会得到百倍的回报。

铁木真意识到自己即将领导一支前所未有的庞大军队，这样一来，他的首要关切就变成了创造一套军纪，从而做到在战争中令行禁止。于是，军队被分为三个部分，自己的卫队在中间（铁木真亲自指挥），盟友的军队在两侧。到了战场上，两侧部队首先进攻，中间的卫队作为预备队，可以在需要的时候立刻投入战场，杀敌人一个措手不及，这样作战威力最大。

一切已经安排妥当了，现在铁木真就要率军攻打王汗的领地了；联军规模庞大，好像覆盖了整个平原。

同时王汗也没有偷懒——更准确地说，是桑昆和札木合借着王汗的名义，集结了一支大军从哈拉和林出发去迎战。桑昆和札木合的这支大军在规模上超过了铁木真，但在纪律和阵形方面不如他；迎战铁木真时同样要携带大量辎重，战斗部队身后就是无数运输粮食、武器等各种物资的车队。因为马车装载过重、速度很慢，骑兵也不得不放慢速度；这样慢慢地走，路仿佛永远也走不完。

两军最终还是在两条河流之间的平原相遇，之后展开了殊死搏斗，这是一场血腥的大战。作为铁木真的老师，喀拉善带领一支部队被札木合率领的王汗大军阻挡，其他部队也都打成一团。双方殊死搏斗，持续三个小时仍未分出胜负。铁木真带着自己的卫队一直在后方观望，发现有利时机立刻下令攻击。他们势不可挡，什么人都拦不住。王汗的部队接连落败，乱成一团，被铁木真的军队赶跑了。不久之后，王汗就意识到大势已去，遂放弃战斗，逃之夭夭——他与少量的亲兵和扈从骑马逃走，起初往哈拉和林跑，后来因为追兵围堵甚急而不得不逃到异国他乡，寻求太阳汗的庇护。太阳汗就是前面所说的、铁木真第一位妻子的父亲（两人结婚的时候铁木真大概十四岁[①]），统治着强大的乃蛮部。

向乃蛮部寻求庇护是一件很奇怪的事情，因为王汗和太阳汗的关系其实没有那么好；尤其是，在过去的战争中，太阳汗统治下的一些可汗深受王

[①] 原文为"about fourteen"，与前文中的"十三岁（thirteen）"似乎有点矛盾。——译者注

汗伤害，对王汗恨之入骨。不过，王汗是这么想的，乃蛮部一贯热情好客，看到自己如此落魄地逃难，一定会放下敌意盛情款待自己。

作为太阳汗，如果遇到有人因处境窘迫而前来求援却不给予帮助，确实有失他作为领袖的身份。起初，太阳汗想庇护这个昔日敌人，和他好好相处。但在王汗往这里赶的时候，太阳汗和其他可汗讨论庇护方案时，却遭到坚决反对，因为其他可汗认为，决不能给敌人任何恩惠。大家向太阳汗表示，王汗一直都是部落的大敌。他们不断夸大王汗带来的伤害，以此塑造王汗最恶劣的形象。何况此时庇护王汗就要卷入他和铁木真的战争，铁木真一定会追到太阳汗的领地来，这时保护王汗一定会大大得罪铁木真。

上述观点对太阳汗的影响很大，但他还是做不到公开宣布与王汗为敌。于是，其他首领自己开会讨论，并且达成一致，就是一定要杀掉王汗。大家这么说："别看我们现在不能让太阳汗松口，他其实私底下希望我们这么干。要是干成了,他才高兴呢。"

太阳汗当然也预料到大家知道自己的真实想法,只是装作不知道,这样也方便其他首领行事。

于是,大家挑选出一支队伍,由两位族长率领,去拦截王汗,这两人对王汗恨之入骨。另一边,走在自己队伍前面的王汗犹豫不决,看样子他也想知道自己在乃蛮部的领地上会被如何对待。最终,乃蛮部的军队突袭了王汗的营地,杀了所有人,把王汗的脑袋砍下来献给了太阳汗。[①]

太阳汗窃喜,这次死的毕竟是个宿敌,他的欢喜之情实际上藏不住。他对着王汗的头说话,语气轻蔑中带有怨恨,显然是因为对手垮台而兴奋。当然,话说到一半,太阳汗又停下来批评其他

---

① 在常见的中国史料中,并不认为王汗如本书中所描述的那样被蓄意谋杀,而是说他逃到乃蛮人边界时被守将所杀,剩余的部众被并入蒙古。(见高文德主编、1990年中国社会科学出版社出版的《中国民族史人物辞典》)在蒙古族艺术作品中,王汗的头颅被献给太阳汗,太阳汗为了在部下心中建立威信,给头颅镶银,放在自己的宝座上祭拜。结果太阳汗在祭拜时口出不逊,王汗的头竟然自己动了,从宝座上滚下。太阳汗害怕极了,马上命令把头颅扔掉。《蒙古秘史》也记载这颗头颅竟然"笑了",模样也很恐怖。——译者注

人杀死王汗的事:"他都这么老了,过去也曾是荣光四射的统治者和首领,你们应该守护他,而不是当刽子手!"

太阳汗下令,要尽可能尊重王汗的头,为他的头做了干燥防腐处理,封存在银箱子里。箱子被安放在重要的地方保存。

在这个过程中,王汗的头吸引了整个部落的好奇。安葬王汗的头的过程是庄严而神秘的。传说这颗头好几次伸出舌头来,这引起了萨满巫师的高度关注,认为这预言了接下来战争的景象,铁木真一定会越来越强大。

第 10 章 CHAPTER X

札木合之死（1202年—1203年）

The Death of Yemuka *(1202—1203)*

王汗在乃蛮部的地界上被杀，与此同时，铁木真则带走了王汗领地上的所有财产。如果只看死亡人数，这无疑是一场大战，因为相传双方死亡4万人。这个数字可能是被夸大的，不过蛮族之间的战争相比现代文明国家之间发生的、有完善规则的战争伤亡比例大很多。但不管怎么说，铁木真赢得很彻底。

这是一场伟大而具有决定性意义的胜利：铁木真抓获大量俘虏，夺得大量战利品。王汗的所有辎重都被铁木真夺得，里面多是价值连城的物品，铁木真还夺得了多到数不清的马匹。王汗剩余的精锐部队认为王汗已经被彻底打败，铁木真将成为大家公认的统治者，应该立刻跟他结盟，于是马上投靠了铁木真。

很快，铁木真也从太阳汗那里得到了王汗已死的消息。于是，他在掠夺王汗留下的财产时就更加肆无忌惮了。曾经忠于王汗的可汗们纷纷投靠铁木真，他们知道抵抗没有益处，也很乐意和作为老朋友的铁木真结盟。铁木真在王汗的领地上举办胜利巡游，所到之处一片欢腾，大家都热烈欢迎他，而桑昆和札木合不见了。札木合作为一直反对铁木真的中心人物，他带着战败后还能集结起来的所有人马藏了起来，没人知道他具体在哪里。

王汗的亲戚和朋友毫不犹豫地站到了铁木真一边，还争先恐后地在铁木真面前争宠。王汗另有一个弟弟，是很有影响力且实力强大的首领，也和其他人一起投靠了铁木真；他献给铁木真一份礼物以求搞好关系，这份礼物就是自己的女儿，她将成为铁木真的又一位妻子。

铁木真对这位首领非常友好，也接受了礼物，但此时铁木真已经有很多妻子，而手下的一个主将似乎也看上了这个女孩，于是铁木真就把女孩赐给这位将领。姑娘本人必须服从父亲和其他可汗认为合适的一切安排。①

这位献出女儿的首领名叫札合敢不，到达铁木

---

① 和中国民族史方面的文献有出入。一般认为札合敢不把长女亦巴合嫁给铁木真，把次女唆鲁禾帖尼嫁给拖雷。后来，札合敢不再次叛乱，被蒙古将领术赤台杀死。（见高文德主编的、1990年中国社会科学出版社出版的《中国民族史人物辞典》）。——译者注

真的驻地时他忐忑不安，因为铁木真可能会恨他这个王汗之弟并拒绝自己的好意。不过，铁木真友好相待，札合敢不如释重负，请求铁木真在军队中给予自己一官半职。

铁木真是这么回答的，因为札合敢不是王汗之弟，他其实很乐意也愿意答应这个要求：

"其实，你哥哥在我落难的时候帮助我、保护我，我应该尽自己所能帮助你作为回报。王汗接纳了作为落难逃亡者的我，给过我很多好处，他对我的恩情我没有也永不会忘记。虽然后来他和我作对，我也没有因此怪他和桑昆这对父子。我不怨恨王汗背叛我，更不会因此减少对他的尊敬，我一直认为他是听了札木合的谗言、受其影响才变成这样的，我和札木合一直是不共戴天的仇敌。① 你是王汗的弟弟，我现在能通过你来表达我对他的感

---

① 本书作者和蒙古族文学作品与中国方面的史料所持观点不同，几乎不考虑铁木真和札木合之间的"安达"（结义兄弟）关系，把二者的形象从一开始就塑造为"竞争者和仇敌"。但汉语史料和一些蒙古语文学作品都强调二者小时候的良好关系，比本书中札木合的形象要更全面、更圆满。铁木真对札木合的感情同理。——译者注

激,是很荣幸的。"

铁木真让札合敢不在军队中得到了一份体面的差事,对他在各方面都很关照。铁木真一直都是这么慷慨大方,难怪他能对追随者产生非凡的影响力,这对他日后成就霸业起到了非常关键的作用。

桑昆被杀了,札木合却带着幸存的王汗军队成功逃脱,经历种种艰难险阻到达太阳汗的领地。札木合尽力把幸存下来且没有被抓的王汗军队收到自己麾下,重新调整了他们的编制,连用马驮着的伤病员都一起带到了太阳汗的领地,试图重整旗鼓。札木合的能力尽人皆知,所以他在太阳汗的王庭得到了优待。而这时,太阳汗也听说了铁木真的实力迅速增加、统治疆域不断扩张的传闻,真的有些嫉妒了,并且认为是时候进行干预了,以免铁木真的发展过快,自己失去控制。

当然,太阳汗和札木合曾经就铁木真的性格谈过很多次,札木合很谨慎,只挑负面的内容说——说铁木真是野心勃勃的人,心中只想着扩张地盘,毫无感恩之心,无论得到什么荣誉,都不能让他收敛自己的扩张野心。他还把和王汗战争爆发的原因都归咎于铁木真，说铁木真丝毫不顾王汗在他落难的时候给予的照顾，反而用计将王汗与桑昆父子二人全都摧毁，所以太阳汗一定要早做打算，以免受害。总之，札木合竭尽所能地让太阳汗怀疑和嫉妒铁木真。

札木合还说："铁木真是您的女婿，这千真万确；他自己宣称是您的朋友，但其实是一个狡诈且不服管的人，无论如何是靠不住的。虽然过去您对他好，岳父和女婿这层关系也还在，可一旦您成了他实现野心之路上的威胁，他就会像除掉其他威胁一样除掉您。"

这些话的效果很显著，太阳汗听了自然是既不安又恐慌，最终札木合成功引诱太阳汗采取措施应对威胁。太阳汗和所有可能支持自己的部落首领商谈，很快就和那些铁木真的敌人及希望限制其势力的部落联合在一起，形成了一个强大联盟。

札木合和太阳汗不想提前走漏风声被铁木真发现，遂全程秘密推进相关计划，但不久之后还是泄密了。本来除了完全确定对方赞成自己的计划，札木合和太阳汗是不会提结盟的事情的，但后来他们的谨慎程度持续降低，最终犯下一个大错：太阳汗向一个叫阿拉库斯的可汗提出入伙邀请，写了一封信请使者一并带去，信中详细说明了反铁木真联盟的特点与计划，还给出了一份已经入伙的可汗和部落的名单。

巧的是，阿拉库斯也统治着很多强大的部落，其领地和金朝接壤。出于某种原因，他在这次冲突中更倾向于站在铁木真一边，遂囚禁信使并将信转交给铁木真。铁木真拿到信以后大吃一惊，他之前可是一直认为岳父太阳汗会是自己最忠心、最值得信赖的朋友。于是，铁木真立刻开会讨论该如何应对此事。

现在，铁木真的儿子术赤已经长成了一个年轻的汉子，铁木真认为是时候让他与其他王公和族长一起承担责任了，于是让术赤列席会议。这是他第一次认可术赤为最重要的助手。

与会人员听说太阳汗正和其他人结盟，就强烈建议立刻集结兵力讨伐，不能坐视对手的计划完全成熟。但这时，蒙古军队缺马，各部的马因为之前的长途行军和作战消耗了不少，剩下的马也已经精疲力竭，除非休整一段时间，同时补充新马，否则不宜发动新的远征。这时，铁木真的一位叔叔布雷可汗让他用自己的马，这解决了他的问题，也反映出当时亚洲的一些可汗掌握的牧场大到了什么程度。

铁木真接受了这些捐赠给自己的马，便立刻着手准备远征。札木合收到消息，催太阳汗立刻集结联盟的兵力，在铁木真大军压境之前出击，不然敌人可能就要越过边界杀进来了："最好主动出击，在铁木真的土地上作战，不要等他越过边境践踏您的土地。"

太阳汗却表示反对："不，最好等一等。铁木真行军时间越长，他的兵马就越疲惫，物资供应就越跟不上。同时，咱们要是在这种情况下打胜，他就更跑不了。"

所以，太阳汗虽然集结起兵力，却没有出发迎战，铁木真及其大军到达太阳汗统治的乃蛮部边境时发现没有敌人防御，感到非常吃惊。更让铁木真等人吃惊的是，当地有一条河，构成了对手的一道天堑，他们完全可以凭河固守。但只要铁木真的部队一过河，前方就成了一片坦途。于是，全军立刻过河，攻向乃蛮部的领地。

在前进的道路上，铁木真小心谨慎，以防中了太阳汗的陷阱，一旦中计就要损失宝贵的人马和粮草。铁木真事先筹措并携带了大量食物，行军时确保大家都休息好，有充沛的精力。这样一来，铁木真及其大军一路行进，终于到了太阳汗扎营并集结军队的地方。

双方立刻摆开战斗阵形，太阳汗一方由札木合担任总指挥，其子屈出律从旁协助。铁木真的儿子术赤被大家拥戴，在这次战斗中担任重要的职位。屈出律和术赤对彼此都充满敌意，双方誓要分个高低。

战斗清早就开始了，打了一整天，以铁木真大获全胜告终。太阳汗刚上战场就受了致命伤，虽然马上被带下战场并得到全力抢救,但还是一命呜呼了。屈出律英勇战斗一整天,在傍晚时发现大势已去,于是尽其所能集结起一支队伍,趁乱逃走了。他带着队伍躲到自己一个叔叔的领地,希望在他的临时庇护下,等待合适的时机决定下一步该怎么办。

至于札木合,经过一日苦战,他在黄昏时已经深陷重围,最终当了俘虏。战斗结束后,铁木真立刻下令将其斩首[1],因为他认为札木合不是值得尊敬的敌人,是一个叛徒,叛徒是不值得怜悯的。

---

[1] 另一些资料认为铁木真出于自己和札木合的安达关系,赐予札木合贵族礼仪的死刑,让他"不流血而死"。——译者注

第 11 章　　CHAPTER XI

建立帝国（1203年）

Establishment of the Empire (*1203*)

铁木真现在统治着广袤的疆土，即亚洲大陆内部一块面积很大的土地，以及这片土地上富有而强大的部落；他立刻做出决定，要正式建立帝国①政府作为统治机构。不过，还要通过几场战斗镇压仍在抵抗的可汗，同时另外占领一些城市。很快，这些他都做到了。与太阳汗的战争结束后不久，铁木真发现，在他认知的世界里，已经没有公开的反对声音，自己已经成为无可争议的霸主，剩下需要做的只有内政方面的事情，即完善军队组织、立法、定都并且建立文官政府。

铁木真决定定都哈拉和林，于是带着军队来到哈拉和林，建造了华丽的宫殿。之后，用了一整个冬天初步组建政府并且巩固统治。中亚各个国家和部落的使者都来了，代表自己的首领祝贺铁木真，并提出结盟的请求。使者们都有骑兵护卫，骑兵穿着华丽、全副武装。在那个冬天，哈拉和林真

---

① 大蒙古国，中国史料中未称"帝国"，这是西方史学界后世学者的称谓。——编者注

是前所未有的壮观。[1]

百姓关注使者到来时华丽的游行，并且享受欢乐的时光，铁木真则在考虑制定帝国的根本大法，建设一个统治万民的法律体系。铁木真私下和精通法律的幕僚讨论、商议并起草了政府管理制度和基本法规，还在一个相当于枢密院[2] (the privy council) 的机构讨论了法律草案的细节，直到第二年春天，一切都准备就绪了。铁木真定好日期，召集所有可汗和部落首领开会，颁行上述制度。

铁木真决心推行选举制来产生君主（也就是大汗），大汗必须由所有可汗在可汗大会上投票选举产生，任何不经正常选举就自封大汗或以其他方式窃夺最高权力者都将被处死。

铁木真拟建立的国家被划分为很多行省，每个行省由一位可汗管理。可汗必须对大汗严格负责，一旦接到诏令就必须立刻回到都城，要么述

---

[1] 后来，哈拉和林成了铁木真的儿子窝阔台和孙子忽必烈的后代之间尔虞我诈的赌注。——译者注

[2] 忽必烈于中统四年（1263）设枢密院。成吉思汗设断事官"丸鲁忽赤"为最高行政官，兼管司法。——编者注

职，要么就针对自己的控告进行解释。可汗一旦被发现有违抗大汗旨意或失职的行为，将被判处死刑。

铁木真以类似的原则改组了军队：每100人编成一个百户，相当于19世纪军队中的"连(company)"；10个百户编成一个千户，相当于19世纪的"团(regiment)"，10个千户当然就编成一个更大的单位①，以此类推。枢密院则负责任命各级军官指挥军队，管理武器的供应。武器装备都储存在军械库，由专门的军官负责管理，便于在战场需要时调拨到位。

铁木真为城市和宫殿的建造、道路和防御工事的修筑制定了规定，并要求无论在什么时候，每个蒙古人每周必须抽出一天时间参与公共工程的建设。

一个新政府即将建成的时候，气氛一片和平，铁木真希望臣民不要失去蒙古人的特色，即尚武精神(the martial spirit)。他制定了规范和鼓励狩猎的

---

① 即"万户"。——译者注

法律，特别要围捕山中的野兽，随后还亲自组织多次野外狩猎活动，邀请朝中贵族和其他重要首领参加，唤起可汗们对危险活动的兴趣和捕猎的热情。铁木真认为，狩猎是一种历练，可以代替战争，所以他还命令军队参加这些活动。

铁木真要求蒙古人不得做奴隶或任何低贱工作，只有战俘和奴隶才能做这样的事情，其目的之一是刺激臣民对周围土地的征服欲望，这样他们个人和国家才能获得更多奴隶。

关于奴隶所有权的规定也是相当严格的，以严刑峻法保证该规定的执行。不经主人允许私自收留奴隶，给他们饭吃、衣穿或庇护者，遇到逃奴而不追捕、捕获却不交还原主人者，都要被判处死刑。

按照当时的法律，男人娶妻没有数量限制，女奴必须完全服从主人发落，可以被指定为主人的小妾。

我们已知蒙古人有一种奇特的契约，这种契约依托游牧民族的血缘和家庭关系而存在。这种契约是为死去的孩子安排"冥婚"，虽然"冥婚"实际上是一种非现实婚姻 (fictitious marriage)，却可以在两个家族间建设合法关系。两个家族会为此像活着的孩子正常结婚一样订立契约，然后举行仪式。仪式过后，两家的合法关系就成立了，在现实生活中，彼此之间要承担婚姻关系中的义务和责任。相传塔塔儿人直到19世纪还有这种习俗，他们认为已故孩子的父母隆重参与的仪式会对往生世界中的死者有影响，这些仪式也会被往生世界认可，帮助死者升入天国。

除了这些奇特的法规，铁木真也颁行了一些常规意义上的法律，用以惩处抢劫、盗窃、谋杀、通奸和作伪证等行为，一般都是用严刑峻法惩治犯罪，犯的罪越大，受的罚越重——盗窃牲畜，判死刑；小偷小摸，挨棍子打。盗贼如果有钱，可以交钱赎罪，按照赃物的价值偷一罚九。

铁木真制定的法律规定，天和地的创造者——神 (God) 是唯一的，即长生天。长生天是人类的主宰和最高统治者，是"唯一有定生死、致贫富并且随时处置万物"的存在 (the being)——这是构成蒙古宗教的根本条款。至于部落层面，铁木真允许他们在尊重根本条款的基础上自行决定宗教仪式，不允许任何人以任何形式干涉或骚扰宗教仪式。

可汗大会终于召开了，但没有在首都哈拉和林举行，而是在国家中部内陆一个叫迭里温孛勒达黑①的地方举行，这个地方比任何城镇都好，因为可汗们一旦出远门就会携带大批骑兵和牛羊。如果要召集很多可汗，一定要选一个牧场辽阔、水草丰美、适合大规模安营扎寨的地方。

可汗们带着大批仆人陆续到达，各自选好地方安顿下来，将牲畜赶到平原上的牧场。只用了几天时间，会址所在地就立起了星罗棋布的帐篷，骑马人不时在各帐篷之间穿梭，牲畜在牧人和奴隶的照料下悠闲地踱着步，沿着山坡通过峡谷往前走，啃食地上的青草。

最后，大家都来齐了，众人决定在驻地中央举

---

① 据《蒙古秘史》及《元史》记载，铁木真于斡难河源头称帝。据《蒙古秘史》记载，迭里温孛勒达黑为铁木真出生地，位于斡难河旁。——编者注

行仪式。人们找了一个合适的位置,给铁木真安排了比较高大的座椅,以便他在现场发言。铁木真的周围围绕着诸位可汗和他们的仆人,他向诸位解释了召开会议的原因,宣布自己未来的计划,也表明在大家的合作和支持下,蒙古人取得了一系列战役的胜利,奠定了建设一个强大帝国的基础。他之所以把大家召集起来,目的是与大家一起建立蒙古人自己的政府,而要做的第一件事应该是推举出一个统治者。

于是,可汗们开始选举,其实大家都明白,这只是走一个过场,铁木真是一定会当选的。众人指定了一位最为年长且德高望重的可汗宣布结果,只见他神态庄重地走上前来,对所有人宣布铁木真当选,然后对他讲话——此时,铁木真正坐在地上的黑毛毡上。老可汗提醒铁木真说,长生天现在赐予他至高无上的权力,因此他必须对长生天负责。如果治国有方,最后国家必然繁荣昌盛,他本人的结局也将圆满;反之,结局必然悲惨。

话说完了,七位可汗抬着铁木真把他送上象征大汗位的宝座。宝座设在会场中心，所有可汗和随从都来向铁木真致敬。

通天巫阔阔出也在人群中，这是一位因通灵能力和苦行生活受人尊重的老人。阔阔出常年衣着单薄，无论冬夏，都光脚走路，大家认为，他之所以那么耐寒就是因为神迹，神迹的存在表明他能通天，所以称他为"通天巫"。通天巫阔阔出说，自己常常被白马带进天堂，直接和长生天面谈，把长生天的话带给众人。众人完全相信通天巫阔阔出的话，但他其实如果不是刻意骗人，就是精神错乱。这种意义上的"通天"只是基于个人臆想的精神升华：这时一个像阔阔出一样号称能通天的人虽然能够像普通人一样工作生活，但他已经处于精神错乱的边缘，最后一定会彻底疯掉。

通天巫阔阔出走向仍坐在黑毛毡上的铁木真，当着所有可汗的面"降下"长生天的旨意，说自己是受到长生天的委托，内容主要和这个新建的蒙古帝国和铁木真相关；建国的过程必须符合长生天的旨意，并授予铁木真"成吉思汗 (Genghis

Khan①)"的称号；新建立的国家将从成吉思汗的时代开始，代代相传，直到永远。

通天巫阔阔出讲完，众人立刻以这个新称号祝贺他，拖长声音欢呼"成吉思汗"。从此，铁木真便被称为成吉思汗，而这个头衔将很快传遍整个亚洲，甚至整个世界。

铁木真接受了这个称号，他坐在自己的宝座上接受臣民的致敬。首先是可汗们对他跪拜及行九叩首之礼，这表示可汗们完全服从他的统治。可汗们退下后，其他人分别上前以同样方式跪拜。跪拜结束之后，所有人起立，一遍又一遍齐声高呼：

"伟大的成吉思汗万岁！"

本书将在接下来的篇幅始终称呼铁木真为"成吉思汗"。

成吉思汗作为全新的大蒙古国的大汗，在仪式结束后发表了演讲，可汗和随从们重新聚集起来聆听。成吉思汗感谢大家给予的荣誉，感谢大家推选他获得最高权力，并宣布了管理帝国的规章制

---

① "Khan"的翻译类似"Cah-toon"。——原注

度，承诺自己将公正、仁慈地对待每一个臣民，保护大家不受敌人伤害。他还说自己在统治期间会尽所能让大家的生活舒适幸福，他将和大家一起共同获得荣耀，让整个世界都认识到蒙古人的厉害。此外，他也会公平、公正地对待所有部落，不会因一个人是塔塔儿人还是蒙古人而偏向一方。

演讲结束后，成吉思汗赐予众位可汗礼物，部落无论强弱，个个有份。此后，草原上举办了长达七天的庆祝活动。可汗们参加完宴会和娱乐活动，便逐个离开。各个部落也都拔营起寨，返回自己的家园。

第 12 章　*CHAPTER XII*

成吉思汗开拓的疆域（1203年）

Dominions of Genghis Khan (*1203*)

推举大汗的会议结束了,成吉思汗带领官员和亲信回到了哈拉和林——这座名义上是首都但对国家并不重要的城市。对蒙古帝国来说,农村和城镇都不重要,它们只对商业和制造业有用。在蒙古人和塔塔儿人的生活中,游牧占去了大部分时间,他们眼中的财富和地位主要是庞大的牲畜群、大车里满载的物品(衣服、武器和家具)及宽阔的场地和肥沃的牧场。游牧民族认为,长期住在固定住处的人都是下等人,他们之所以这样,是因为被贫穷和辛劳限制了。只有游牧,人才可以赶着牲畜在草原上悠闲地漫步,骑着快马或骆驼奔驰在郁郁葱葱的山谷或蜿蜒曲折的河岸,想在哪里停就在哪里停,想去哪里就去哪里。

作为城市,哈拉和林既不宏大也不壮观:城墙都是用泥巴晒干以后形成的砖铸造的。平民的小屋很简陋,大汗的宫殿也没好到哪里去,公共建筑的结构单薄极了。在那个时代,蒙古人的所有建筑,在结构上都可以看作是帐篷,或者是按照帐篷的模子修建的。

成吉思汗没有在哈拉和林待太久,他用了几年时间带兵在领地巡行,镇压四处爆发的叛乱,处理不满甚至叛乱的可汗,并且就部落之间的纠纷做出裁决。成吉思汗惯于带兵快速穿过平原,有时会就地建造用于长期居留的永备营地,在那里一待就是几个星期,甚至几个月。

不只是成吉思汗,很多其他游牧部落的伟大首领也都习惯这样的生活方式。以某个可汗的其中一片驻地为例,其宏伟壮观程度就算19世纪的现代人见了也会感到惊讶。鸟瞰之下,其规划之整齐不亚于城镇,就像是被分别划分出了街区、街道与广场。这片驻地方圆一英里,中间是可汗本人的大帐。当然,大块的空地上可不只是他本人的大帐,还有一排排的小帐篷,这是可汗的妻子们和其他女眷的住所。此外,还配备了容纳食品、衣物、武器和珍宝的大车。

夏天的时候,可汗大帐主要用一种棉布隔热,冬天则用毛毡保暖。可汗的大帐远比其他帐篷高,被涂上鲜艳的颜色,并且点缀有蛮族的装饰品。

女性住在大帐周围或旁边的小帐篷或木屋里，木屋质地轻巧，结构简单，便于人们迅速拆卸装车后往下一片驻地出发——只要主人需要，小木屋可随时随地装车，装好就能转移到别的地方。

成吉思汗的领地多是盛产多汁牧草的肥沃草场，即使牲畜群很大也能承载，清泉和溪流同样随处可见。不过，领地中也有山区，虎、豹、狼等猛兽成群出没。成吉思汗长期组织大规模狩猎活动，他的蒙古帝国设有狩猎大总管（grand huntsman）的官职，这是国家中地位最高的官职之一，总管宫内一切与狩猎相关的事务。成吉思汗把这个官职交给术赤，同时让另外两个年龄更大、经验更丰富的可汗担任国务大臣辅佐自己。如前文所述，术赤列席过成吉思汗的重要会议，也和太阳汗战斗过，有了一定的历练。

在亚洲的山脉间狩猎是很危险的，即便是在19世纪的今天，人们有了火药，也是如此。在成吉思汗那个时代，猎人仅有的武器是弓、叉和矛，打猎是很危险的职业。手上的家伙如果不称手，40个人可能也抓不住一头狮子；即使能召集这么多人，也可能会失败，一般还要付出两三人伤亡的代价。

不过，我们19世纪的现代火器是个好东西，一个人要是足够勇敢、足够沉着、足够冷静，也可以靠自己弄死一头狮子。当然，也可以使用双管猎用步枪(double-barreled carabine)，枪管内部有膛线，子弹出膛时因此而旋转，从而更加精准地命中目标。这样的步枪发射的不是球体弹丸，而是尖头步枪弹；子弹发射，圆锥形的尖弹头飞向目标，圆柱形的弹身(也就是弹壳)被抛出。打猎会用到一种空尖弹，弹药是一种高能化合物(爆炸效果比普通火药猛)；弹头击中狮子之类的野兽时会像雷管点燃炸药一样爆裂开来，碎片嵌在猎物体内各处。相比之下，就算火枪 (musket) 的子弹侥幸能够击穿一个动物，也只能让它更加愤怒，从而凶狠地冲向猎手。但一颗空尖弹不管打中猎物哪个部位，都能让它立刻倒在地上，哀嚎着痛苦地抽搐几下，然后一命呜呼。

巴黎有一条"意大利街 (Boulevard des Italiens)"，那里有著名的德维姆 (Devisme) 工厂，专为阿尔及尔的猎狮人生产双管猎用步枪。路人经过工厂的橱窗，都会驻足观看子弹的样品。这些子弹口径各异，有的保存还算完整，有的已经炸成碎片。不管是射进土里，还是射进野兽的身体里，子弹都会爆裂开来。人们把弹片掏出来放在橱窗里展示，以彰显其爆炸的威力。

手上就算拿着"大杀器"，猎人也必须保持冷静、勇敢，以及拥有就算面对野兽仍然能在群山中快速奔跑的沉着，才有获胜的希望。成吉思汗时期的猎人只有弓、长矛和标枪，捕猎是极其危险的事情。与我们现在的19世纪相比，同样是野兽，那个年代的野兽更加危险。如果是人，无论他因为愤怒而激起多么强烈的情绪，恐惧仍然存在，所以如果明知是有去无回的必败之局，他就不会继续蛮干，发觉对手在力量上碾压自己就会撤退。因此，在局势危险的情况下，如果攻击者(野兽)拥有碾压性的力量，那么它往往不会被人攻击，而是主动攻击人。

狮、虎、豹这类野兽可就不像人这样了——不管对方在数量和武器装备上多占优势，一旦被激怒，它们就会毫不畏惧地直扑过去；这样攻击人哪怕是自取灭亡，但至少也和其中一个敌人同归于尽。人在打猎的时候，很难预料到会不会有同伴成为这些猛兽的殉葬品。

综上所述，在成吉思汗时代，猎人在山中猎杀野兽是一件很危险的事情；相应地，狩猎大总管也成了一个受人尊敬的显要官职。

当然，如果猎人要打猎，其目标也不全是上述那些危险的动物，有些胆小的野兽没有攻击性，遇到危险只会跑，猎人主要靠骑马抓捕、放猎犬撕咬或者设计围捕它们。蒙古某些地方有一种鹿，如果要抓它，就得设计围捕，方法如下：

接近一群正在觅食的鹿时，一队猎人会分为两组：一组躲在灌木丛里，拿着鹿角举过头顶，这是在装雄鹿，另外一组拿着弓箭、长矛和叉埋伏在附近。前一组猎人不仅要举鹿角，还要学雌鹿叫以吸引雄鹿靠近。猎人举起鹿角在灌木丛里动来动去，让真正的雄鹿先是感到迷惑，进而感到愤怒。它们前蹄抓地，注意力集中在举起的鹿角上，准备和灌木丛中的"鹿"来一场决斗。后一组猎人慢慢靠近，准备瞄准鹿的心脏射箭。

当然，即便用这样的方式，想要成功，也需要精湛的技巧和大量的练习。除了上述技能，猎人还有很多其他要掌握的技能，要通过特殊、系统的训练才能掌握。其中最难的技能之一是驯马，让马这种本能地畏惧野兽的动物可以不畏惧地往前冲，这种本能是极难克服的。蒙古猎人会用多种方法使马不再害怕，让它们在狩猎时像在战场上与敌人的骑兵作战时一样奋力向前。

除了山地，成吉思汗的领地中还有沙漠，其中最大的一片沙漠延伸到亚洲的正中心，那是世界上面积最大的贫瘠土地之一，和其他大沙漠的唯一区别就是海拔高得多——海拔如此高，土地贫瘠往往不可避免。沙漠里主要有岩石和贫瘠的沙土。截至本书写完时，沙漠仍不宜居，因为在高海拔地区，沙漠的气候很冷，人们只有在最温暖的季节才能穿越。

不过，比起这些沙漠，成吉思汗领地上的其他地方海拔低一些，土地的肥力更足。地上生长着各种草本植物，每到特定季节，人们便来放牧。

成吉思汗的领地上没有我们定义中的大森林，只在山间有一些野兽出没或做巢穴用的灌木丛。当时的蒙古人或许就像美洲大草原上的印第安人一样会在每年春天放火烧平原，同样也为了抑制植被生长。每年春天，我们会发现前一年枯萎的野草紧贴地面并纠缠在一起，这被认为会阻碍新草的生长。于是，蒙古人会挑选一个早上借着春风放火，火势借着风很快在整片原野蔓延，最终所有露出地表的植物都被烧光了。不过，因为草根深埋地下，其实并不受影响，新草很快就会破土而出、茁壮生长。蒙古人认为，正是因为把枯草烧掉，新草才能茁壮成长、形成草甸。不过，我们在19世纪已经了解到，枯草被烧后形成了草木灰（肥料），这大大有益于新草的生长。

这就是成吉思汗所统治的疆域，蒙古游牧民族所居住的土地。成吉思汗统治的领地没有固定的边界，因为他所统治的其实是流动的游牧部落。到这个阶段，几乎所有的蒙古部落和塔塔儿部落都已经归顺成吉思汗，此后，他还会对更远的部落发动小规模战争，直到他们都归顺自己为止。详见下文。

第13章　CHAPTER XIII

屈出律王子的冒险（1203年—1208年）

Adventures of Prince Kushluk (*1203—1208*)

读者们大概还记得，前文中，在札木合的煽动下，与成吉思汗作对的、乃蛮部太阳汗的儿子屈出律，当时还是个年轻人，他曾和成吉思汗的儿子术赤大战。他的父亲和煽动父亲的札木合都被杀死了，但他成功逃脱了。

当时，屈出律是和一位叫脱黑脱阿的别乞(Bey[①])一起逃跑的。脱黑脱阿是一个强大部落的首领，此人曾一度想把自己的王庭设在卡申，一座位于当时中国北方女真族政权——金朝边界西南方向不远的城市。脱黑脱阿带着屈出律逃到卡申，准备在这里招兵买马，对付铁木真。在这个时间节点，铁木真还没有获得成吉思汗的称号。

铁木真了解到脱黑脱阿和屈出律逃到了卡申，马上决定追击。脱黑脱阿知道铁木真会来，马上着手加固城防、增兵，并且开始囤积粮食和各种军需品。脱黑脱阿也知道，在自己备战期间，铁木真的大军也在逐步逼近；对方势力太强大，自己其

---

① 意思是"族长"，也就是一种部落首领的称呼（根据陈永龄等编纂上海辞书出版社1987年版《民族词典》）。——译者注

实坚持不了多长时间，更不知道以后该怎么办。

太阳汗的另一个弟弟不亦鲁黑也是一个实力强大的部落的首领。他的领地就在附近。脱黑脱阿认为他的哥哥曾经是铁木真的死敌，请他和自己联手对付铁木真应该很容易。于是，脱黑脱阿留下部分军队守城，自己到不亦鲁黑那里求援，此前为了确保屈出律的安全，已经把他送走了。之后，脱黑脱阿做好了城防安排，考虑到长子的安全，便带上了他和一小队骑兵去找不亦鲁黑。

铁木真率军到达卡申，发现目标已经不在城里了，但他还是决定要占领这座城，于是立刻发动围攻战。虽然守军拼死抵抗，但双方实力差距太大，卡申很快被攻陷。遵照铁木真的命令，他的军队攻进城墙以后便把抵抗者毫不留情地全杀了，整座城被夷为平地。

然后，铁木真宣布，只要剩下的人愿意发誓与自己结盟，他便立刻停战。没人反对，脱黑脱阿的部落和附近许多附属部落的可汗全部投降，保证服从铁木真的统治。

这些都发生在太阳汗被击败之后及铁木真被尊为"成吉思汗"之前。铁木真在追击自己的仇敌期间，其实还是很担心接下来的战斗会耗费太多时间的，他急于回到哈拉和林巩固自己的统治，就决定停止追击并回到哈拉和林过冬，开春再做打算——接下来发生的事请参阅上一章中他立法并召开可汗大会的那些内容。

在这期间，脱黑脱阿和屈出律受到不亦鲁黑的友好接待。他们一度认为铁木真摧毁卡申后会继续追击屈出律，而不亦鲁黑也在备战。但听说铁木真放弃追击并且回到了哈拉和林，三人的忧虑暂时缓解了；但他们同时很清楚，危机并未解除，总有一天还会再来。不亦鲁黑决心保护自己侄儿的事业，如有可能，他还将顺便为兄长太阳汗报仇，于是全力增兵、加强防御，尽一切可能抵御开春即将面临的攻击。

不亦鲁黑设想中的进攻还是到来了。铁木真把内政安排妥当，成为成吉思汗；春季到来了，他抓住机会发动攻势。成吉思汗率领军队进入不亦鲁黑的地盘，对方应战；经过激战，不亦鲁黑大败。他曾试图逃跑，但被抓住并被带回了成吉思汗的营帐。成吉思汗作为打了胜仗的征服者，无疑会为自己的行为辩解——不亦鲁黑和札木合一样，(在成吉思汗的眼中)不是一个值得尊敬的坦诚对手，而是敌人，是叛徒，所以处死他就是让罪犯伏法，而非虐杀囚徒。

不亦鲁黑就这样在囹圄中被处死了，但屈出律和脱黑脱阿还是逃走了：先是往北，然后往西，不知路在何方。两人最终在额尔齐斯河畔找到一处避难的地方。额尔齐斯河发源于亚洲大陆中心附近，向北流入北冰洋，流经位于成吉思汗领地西北方的部落，这里不是他的领地。屈出律和脱黑脱阿只带着小队随从在此流浪，最终抵达了要塞，并且决定在这里驻扎下来。

因为脱黑脱阿在阿迪斯有影响力，似乎这里就是他本人的地盘一般，两人得到了友好的对待，周围的人也来支持他。脱黑脱阿作为在逃的可汗，瞬间掌握了大批兵力。在不亦鲁黑被俘的战斗结束后，他的败兵也来投奔脱黑脱阿，所以脱黑脱阿兵力得到了进一步加强。

成吉思汗起初不知道屈出律和脱黑脱阿的去向，第二年才获悉他们的下落；听说了这些消息以后，成吉思汗准备进攻额尔齐斯河畔的部落。他到达时正值严冬，目标是不等脱黑脱阿的工事建造完毕。脱黑脱阿及其支持者看到成吉思汗急于在隆冬进攻，大吃一惊，工事还没建成，一想到在平原决战也无胜算，他们干脆全部缩进堡垒或凭借堡垒固守，静静等待敌人的进攻。

战场的冬天真是冷极了，成吉思汗一路遇到重重阻碍。河水冻成了冰，道路被白雪覆盖，根本走不了，更别提他不知道对方到底躲在哪里，幸亏得到当地某些部落的协助——他们见到成吉思汗的大军，知道抵抗是没有用的，便立刻投降，同时派出骑兵带路，和成吉思汗一起沿河岸前进。

在向导的帮助下，成吉思汗继续前进。到达阿迪斯要塞后立刻迫使脱黑脱阿及其盟友应战，并很快打败了他们。脱黑脱阿的部队四散奔逃，他本人及其盟友部落的可汗、首领全部被杀，屈出律则再次侥幸逃脱。

屈出律和少量随从骑着马漫无目的地游荡，一路吃了很多苦，最终到达了古尔汗 (Gurkhan[①]) 的领地。古尔汗也是实力很强的可汗，统治着亚洲西北部直到里海的土地，这里是突厥人的家乡，他们从此发源，不断繁衍，蔓延到了西亚和东欧。

古尔汗友好地接待了屈出律等人，成吉思汗也没有再追。不知道是路太远还是古尔汗太强大，总之，成吉思汗不敢贸然进军，暂时放弃了讨伐的计划。他在阿迪斯要塞大获全胜，接受了当地所有部落和可汗的臣服，然后班师。

据说，一位可汗在归顺的时候根据风俗送给成吉思汗大雕，这可是一件独特的礼物。雕是硕大凶猛的肉食性鸟类，但可以被训练得像猎鹰一样，深受中世纪时期欧洲王公贵族的重视。小部落的可汗每逢重大场合，都会向比自己强大的统治者进献大雕，这是惯例，是一种臣服的象征。作为礼物的雕

[①] 即耶律直鲁古。——编者注

全身都用黄金和宝石做装饰，极尽奢华。

这只大雕是一位叫依纳尔的兀鲁斯（Urus[①]）赠送的，他是成吉思汗在这次讨伐途中杀死脱黑脱阿之后向他臣服的一个首领。在赠送大雕时，依纳尔举办了隆重的仪式，这是归顺的标志。我们会在下一章中记载屈出律最后的结局。

[①] 有"人群""国家"等意思，指代封地，这里指头领。——译者注

第 14 章　*CHAPTER XIV*

亦都护（1208年）

Idikut (*1208*)

当时还有另一位实力强大的可汗，一直服从古尔汗的统治，我们称为"亦都护"。古尔汗是西辽的统治者，屈出律向他寻求庇护。但当时的亦都护（巴而术·阿而忒·的斤）背叛了古尔汗，转而投靠成吉思汗。基于当时特殊的政治裙带关系，不同的部落或民族之间都有一定程度的关系。亦都护统治的部落都是西辽的附庸，古尔汗在当地留了一个少监（Shuwakem），主要负责管理贡品的征收和运输。少监和当时所有具有类似职责的官员一样，实际收取上来的财物比他应该征收的要多。那个年代的国家常常通过包税制在属国或行省征税。比如有一个地区，当地的富人交一笔固定额度的特别费用给政府，他就有权作为包税人代表政府，向百姓征税。事实上，包税人向政府缴纳的税远远少于他实际征到的税，他们会从中支出一定款项用于解决自己的各种开支；不仅如此，为了满足自己的私利，他们还会尽可能地盘剥百姓，盘剥得越狠，他们得到的利益就越多。就算百姓向政府申诉，其实也很少得到补偿。政府清楚，如果因此而打击或干涉包税人，下一年再找包税人的时候，他们提出的条件就会苛刻得多。

包税制因为上述原因，必然导致大量的勒索和压迫，百姓因得不到补偿而不得不全盘忍耐。现代的文明国家一般不再有包税制度了，都是直接派官员收税，并且官员必须如实上缴收到的所有税款。这样就会显得更公平一点，就算征税的金额超出了法律允许的范围，至少也全部充公了，征税官员（理论上）也不可能靠敲诈勒索获得任何好处。此外，现代国家的司法机关在较大程度上独立于行政机关，纳税人如果认为自己的权益被侵害了，就可以立刻上诉。上诉固然要耗费大量的精力和金钱，不过最后总能讨个公道——但这些在成吉思汗的时代是想都别想的，唯一讨公道的方法就是直接向国王之类的首领申诉。来自纳税人的投诉本来就很少被重视，统治者很少愿意因税务纠纷而给自己找麻烦，包税人当然也不愿意吐出已经吃到嘴里的利益，说好听点就是否认自己有过敲诈勒索的行为。所以纳税人很可怜，他们会发现，税务官和仲裁官基本是在针对自己，讨回来的不是"公道"，而是"冤屈"。现代政府就会好很多，法官都要遵循利害关系回避原则，这样就消灭了罪恶的根源。不过，19世纪，社会也有其面临的弊端，那就是公共资源的挥霍浪费，政府往往因此被迫筹集多于实际需求的资金，或许将来会找到更好的解决方法。

上文提到的古尔汗在亦都护的领地安排的少监，就是一个巧取豪夺、压迫百姓的"包税人"。我们现代人可能已经搞不清楚他这么干到底是贪污，还是通过压迫当地人尽可能多地给自己的国家送钱以邀功，只知道百姓虽然痛苦，却始终见不到少监的主人古尔汗，只能向亦都护投诉。

亦都护劝阻少监，少监非但不听，反倒恨恨地带着傲慢威胁对方，这让亦都护很生气——生气是应该的，并且他不全是因为这次受到威胁才生气，少监是效忠其他可汗的人，却在自己的地盘上作威作福！亦都护抗议少监敲诈勒索太过分，但得到的回复却把亦都护噎得半死。愤怒的亦都护立刻找人暗杀了少监，还把领地内所有古尔汗派来协助征税的人都杀了。

杀掉这些人的意思就是要和古尔汗公开对抗，为避免受害，亦都护决定带着自己的部落投靠成吉思汗，所以立刻派两名使者前往蒙古。

一队卫兵护送使者进入了蒙古境内，不久，使者就见到了成吉思汗。当时，成吉思汗正要出兵镇压反叛的部落。使者受到热情的款待，此刻，虽然成吉思汗不准备追击屈出律，或公开与古尔汗打仗，但这些事毕竟总有一天要发生，所以现在让反对势力都来投靠自己，有利于削弱对方的势力。

成吉思汗本人热情地接见了亦都护的使者，欣然接受了其带来的提议。为了充分表明态度和诚意，成吉思汗派两位使者护送亦都护的使者返回，他们会带去成吉思汗的诚意和保护亦都护领地的承诺。

自己的使者成功完成了任务，亦都护很高兴，决定亲自到成吉思汗的领地去觐见，向他表达自己的尊敬和诚意，确保新联盟稳固。亦都护准备好礼物，带着卫兵直奔成吉思汗的大帐。成吉思汗热情、友好地接待了亦都护，不仅接受了礼物，对他本人也很满意，于是把一个女儿嫁给了他。

古尔汗起初听说了少监等人被杀的事，勃然大怒，宣布要彻底铲平亦都护的领地，以此为死去的官员雪恨。但收到亦都护投靠了成吉思汗，还娶了人家女儿的消息后，古尔汗认为，推迟复仇才更明智，因为他实在不愿意和强大的蒙古帝国为敌。

屈出律在西辽及其属国停留多年，还娶了古尔汗的女儿。不管是因为姻亲关系，还是因为军事才能出众，屈出律的地位在西亚诸可汗中迅速提升，他后来还背叛了古尔汗，夺取了本属于古尔汗的大片地盘。然后，屈出律召集大军讨伐成吉思汗，成吉思汗派猛将哲别[1]率领一支纪律严明的小部队迎战。屈出律发现自己的部队远多于哲别，干脆与之正面作战，却不到一天就被打败，他只带着

---

[1] 成吉思汗"四獒"之一，另外三人分别是者勒蔑、忽必来和速不台。这些将领不仅作战勇敢，率领部队行军的速度也很快，历史文献中记载的速度甚至比现代军队搭乘坦克作战的速度还要快。——译者注

一小队骑兵逃跑了。

哲别带着小队骑兵快马加鞭追击屈出律,这群慌张又疲惫的逃亡者已经是惊弓之鸟,无法集体行动,被一一抓起来砍掉了脑袋。当时,屈出律的身边仅剩三人,他们紧紧追随自己的主子,最终哲别没有追上他们。

但哲别竟然在一个岔路口遇到一个农夫,问他有没有见到骑马跑过的陌生人。农夫告诉他有四个人刚刚骑马路过不久,还把方向指给哲别看。

哲别带人往那个方向加速前进,不久就追上了目标,当场杀死了屈出律并且砍下了他的头颅,带回去向成吉思汗复命。

因为完成了任务,成吉思汗给了哲别很多奖励,还把屈出律的头颅作为胜利的象征挂在杆子上示众。这也是一种"抵抗者死"的警告。

第 15 章　　*CHAPTER XV*

胡沙虎的故事（1211年）

The Story of Hujaku *(1211)*

关于成吉思汗掌握蒙古部落和塔塔儿部落最高权力后发生的事情，19世纪文献留下的记载并不十分完善，很多方面显得很混乱。不过，成吉思汗应该是在1211年卷入和金朝的战争并最终取得胜利的，这是在他当上成吉思汗五年以后的事情。金朝在蒙古以南并与之接壤，边境上有横亘东西、翻山越岭、蜿蜒数百英里连接大漠和海洋的"长城(Chinese wall[①])"保护。长城上设有防御塔，每隔一段距离都有城镇，里面屯驻了精兵强将，一旦有事就可以随时前往长城的各个据点。

严格来说，长城并不是国境线，因为长城以北有相当一部分地区都归金朝管理。当地有很多大城镇，也有很多坚固的军事堡垒，并且都有金朝驻军保护。

---

① 同一般认识中的"Great Wall"。直到进入21世纪初，中国学术界对金长城的认识还很模糊，有的学者甚至认为它不是长城，这是和以本书作者为代表的西方学者认识有分歧的一个地方。冯永谦在《金长城的考古发现与研究》一文中指出，金长城修筑的长度很长，且因为建造在最北端沙漠和草原的深处，打破了传统的长城"农耕民族(世界)和游牧民族(世界)分界线"的定义，所以具有重要意义。——译者注

不过，生活在金朝长城保护范围以外地区的主要居住者"契丹人(Kitan)"——这是一个民族或部落之类的存在，他们希望反抗金朝的统治。金朝皇帝完颜永济为了确保长城之外的民族臣服于自己，诏令长城以北各地的总督全部住在长城外的城镇或要塞之中，当地的金人数量是契丹人的两倍。这招致契丹人更大的不满，更想推翻金朝的统治。①

这时，金朝政府和成吉思汗之间的积怨更深了。很久以前，蒙古是要向金朝纳贡的；成吉思汗年轻时待在哈拉和林，他当时还只是王汗的臣子。当时的金朝皇帝②派还是臣子的完颜永济到蒙古收取贡品，完颜永济和铁木真在蒙古见面，相处

---

① 估计是囿于篇幅，本书作者没有交代的一个问题是，在金朝建立之前，中国北方已经有契丹人建立的少数民族政权，即"塞北三朝"之一的辽朝，这个政权已经有了很多汉化元素。后来，完颜阿骨打反抗辽天祚帝，最后灭掉辽朝，这才建立金朝。金朝的汉化程度更高，加上因为占据中原地区，各方面跟汉族建立的南宋政权相当接近。蒙古帝国立国之初，金朝是主要的敌人。最后，金朝在南宋和蒙古帝国的夹击下灭亡。——译者注

② 即金章宗完颜璟。——译者注

并不和睦。完颜永济的轻蔑态度让铁木真怀恨在心——铁木真一直都是这样，骄傲而有自尊，不愿意纳贡。完颜永济很愤怒，回朝复命的时候立刻向当时的金朝皇帝严厉指控铁木真，请皇帝抓捕并处死铁木真，但皇帝拒绝冒这个风险。后来，铁木真知道了完颜永济曾经这样指控自己，于是暗自下定决心，有朝一日一定要报仇。

过了三四年，铁木真当上了成吉思汗；老皇帝驾崩[①]，完颜永济即位。一年后，完颜永济派官员去成吉思汗部落收取贡品。官员来到成吉思汗的大帐，成吉思汗问，这是哪个皇帝派了这样一个使者来找自己。

官员答话，说自己是大金的皇帝派来的；自然，他就是指完颜永济了。

成吉思汗轻蔑地说："永济？中原人称皇帝'受命于天'，但这个永济当皇帝显然摆不上台面啊！"

[①] 金章宗1208年驾崩，而铁木真称成吉思汗是在1206年。——译者注

"受命于天，既寿永昌。①"中国确实有这么一句俗语。中国人非常看重自己国家的尊严和名誉，自古至今都没有改变。

成吉思汗又加了一句："回去跟你们的皇帝说，我掌握全部权力，我不会承认他是我的主人，永远不会！"

使者把这个挑衅带给了完颜永济，完颜永济勃然大怒，马上着手准备战争。成吉思汗也开始备战，派使者访问长城外的各大部落，请可汗们都加入自己的队伍。成吉思汗组建起一支大军，将众人分成几个部分，都交给最好的将领指挥。完颜永济也组建起一支大军，史学家说多达30万人，都交给一个叫胡沙虎的人指挥，让他带兵北进拦截成吉思汗的军队，保护长城和各大堡垒免受成吉思汗攻击。

双方交战，成吉思汗大胜。蒙古人跨过长城占领了多个城镇和要塞，每次胜利都会吸引更多当地的部落投靠。很多反对金朝统治的部落都投靠了成

---

① 李斯镌刻在传国玉玺上的八个字。——译者注

吉思汗，其中一个首领实力很强大，拥有10万大军。为了和成吉思汗建立紧密的联系，他专门按例举行了庄严的结盟仪式，杀白马黑牛各一头作为祭品，折断箭矢郑重发誓效忠成吉思汗。

因为这位首领支持自己，作为回报，成吉思汗让他当了当地的最高统治者，并且昭告天下。成吉思汗这种投桃报李的行为鼓励了更多可汗之类的首领投靠自己，后来甚至有一个负责把守长城隘口和要塞的金朝官员也投靠了成吉思汗，让他不费一兵一卒就进入金朝境内。这让完颜永济和胡沙虎都大为震惊。

经过彼此的各种试探，成吉思汗发现胡沙虎的军队驻扎在山脚下一个很好的位置，于是发动进攻。胡沙虎节节败退，躲到一座城镇固守；成吉思汗追来后发动围城战，胡沙虎察觉到危险就逃跑了。成吉思汗原本要立刻入城，却被流矢射中，身受重伤，不得不暂停自己征伐的脚步。

成吉思汗受了重伤，无法指挥军队；干脆班师回国，等伤好了再战。几个月后，成吉思汗痊愈，第二年，他再次进攻金朝。

在上一年的战争中，胡沙虎本来就节节败退；他在军中和朝廷里的政敌就开始合谋反对他，向皇帝进言说他不适合带兵且胆小无能，已经连续丢城弃寨了。因此，完颜永济收回了胡沙虎的兵权，这对胡沙虎来说是很不光彩的。

耻辱让胡沙虎愤怒，他决心报复自己的皇帝。其实，朝廷里有很多人支持胡沙虎，当然前面也说过了，也有反对他的人。两派势力斗争激烈，最终胡沙虎派胜出，促使皇帝让他官复原职。

金朝的内耗并未就此结束，成吉思汗在第二年再次入侵金朝的时候，朝廷已经人心涣散，内斗让这个国家已经无法有效地抵御外侮。成吉思汗轻松取胜，金朝将领们忙于争夺眼前的利益，并未团结一心对付共同的外敌。

胡沙虎真是愤恨到了极点，决定推翻皇帝，因为皇帝看上去更愿意和自己作对。他要杀掉所有反对自己的文臣武将，然后杀掉皇帝本人，自己登基。

为了掀起这场叛乱，胡沙虎表面上尽全力抵抗成吉思汗和蒙古人，实际上却又放他们深入中原腹地。这肯定会激起别人对他更大的不满，但胡沙虎的阴谋也将得以继续。

时机到了，胡沙虎及其大军突然出现在金中都①的城门，发布蒙古大军即将逼近的警报，接着又前往皇宫并在那里发布警报。同时，胡沙虎的大队士兵前往全城各个角落，声称要捉拿通敌卖国者，其实是把反对自己派系的首脑全部抓起来杀掉。这两招引起了所有人的慌张和混乱，帝国的中枢瘫痪，没人反抗胡沙虎或试图去解救被捕者。胡沙虎牢牢地控制了金中都，随即逼宫夺位，把皇帝抓进地牢后，不久便将其处死。②

完颜永济就这么死了，可胡沙虎最后也没能当上皇帝，因为他发现自己遭到了非常强烈的反对，只得中途放弃称帝，把一位皇子推上前台当

---

① 今北京。——译者注

② 这件事发生在1213年，史称"胡沙虎政变"。所谓蒙古军入侵是谎报军情，据称皇帝和多名大臣都是被当场杀死的。——译者注

作傀儡，自己则控制军权。胡沙虎认为，只要这样，政敌的影响力和权势就会被削弱了，于是率军北上迎战成吉思汗。

不过，因为遭遇意外，胡沙虎的脚受伤了，行动不便，但他还是坚持要继续打仗。在军队准备经一座桥过河的时候，胡沙虎遇上了成吉思汗的前锋部队，就决定立刻发动进攻。胡沙虎因脚伤无法单独行动，只得让人把自己放在车上，前往战场。

蒙古人吃了大败仗，被迫撤退了，或许这是因为成吉思汗没有亲自到场指挥，他远在后方，和主力部队在一起。

胡沙虎希望第二天能够乘胜追击，继续对蒙古前锋部队发动进攻，但他没法亲自上战场——伤口因为战斗辛劳而时常暴露在外，加上因为颠簸，就算时时小心，伤口还是发炎溃烂。胡沙虎只好放弃亲征，改派将军术虎高琪替他带兵追击。

术虎高琪带兵追击，很快就被打败，胡沙虎听了很生气——可能是因为术虎高琪打了败仗，也可能是因为脚伤，但不管什么原因，变得愤怒而不讲理的胡沙虎觉得术虎高琪追击不力,这是懦弱,更是背叛,该被判处死刑。胡沙虎马上派人禀告皇帝,请他批准对术虎高琪的死刑判决,并且由自己执行。

新登基的金宣宗知道术虎高琪勇敢忠诚,没有批准。

但胡沙虎在收到皇帝的答复之前其实多少也消气了,所以答复送到以后,他说,还是愿意再给术虎高琪一次机会:

"现再授你兵权迎敌,如能将功补过,可饶你不死;若再败,死罪难逃!"

术虎高琪再次率军出击,向北行进至沙漠附近。北风呼啸,扬沙迷了士兵们的眼睛,大家什么都看不到,反过来背风而战的蒙古大军却不受影响。术虎高琪损失惨重,为了避免全军覆没,他们不得不逃回胡沙虎的营地。

术虎高琪很绝望,因为胡沙虎说自己一旦打败仗就会被处死。胡沙虎是一个暴力又鲁莽的人,一定会说到做到。术虎高琪决定不认命,就算死也要反抗而死。于是，术虎高琪安排和自己一样痛恨胡沙虎的将士们组成一支部队回到胡沙虎所在的城市，准备占领它并包围胡沙虎的住处，将其活捉并囚禁，如果他胆敢反抗，就立斩不饶。

术虎高琪军兵临城下，抓住卫兵并使其缴械，然后大吼着冲入城中。众人先是吃了一惊，然后害怕极了。警报很快传到胡沙虎的住处，但此时叛军已围上来了，一时间，喊声震天动地。术虎高琪的军队很快破门而入，胡沙虎惊慌失措，逃出房屋跑进花园，想翻墙逃跑。但围墙太高，他落地后摔断了腿，只能倒在地上抽搐，痛苦而无助。怒不可遏的士兵们蜂拥而至，用长矛扎死了胡沙虎。

术虎高琪带着胡沙虎的头颅回到国都，他有意将其献给宣宗，至于怎么裁决就不管了。正如术虎高琪自己所说，这也是领兵叛乱、谋杀上级，自己完全有可能因此被判处死刑，毕竟他犯了最恶毒且不可饶恕的大罪啊！

其实，宣宗的内心是很高兴的，毕竟胡沙虎这个倚老卖老不服管的老将被除掉了。胡沙虎蔑视朝纲，野心勃勃，行为鲁莽，既令人讨厌又令人害怕。所以宣宗颁发的诏书写明，胡沙虎已经"伏诛"，不久就委任术虎高琪代替胡沙虎掌管全军。

第16章　*CHAPTER XVI*

鏖战中原（1211年—1216年）

Conquests in China (*1211—1216*)

胡沙虎死后，金朝皇帝派其他将领守土抗战，抵抗成吉思汗，战争打了几年，成吉思汗慢慢就将中原①全部纳入自己的版图，以蛮横、残暴的方式蹂躏当地人。中原地区人口密集，富饶繁华。与蒙古人等游牧部落不一样，中原人是农耕民族，可以制造技术精良的生产工具和手工艺品。中原大地沃野千里，到处都有农田、花园、果园和桑树林，散落着生机勃勃的村落和繁华的城镇。为了保护这片富饶的土地和手工业集散地，从几百年前统治这片土地的王朝就开始建造长城。中原大地上生活着安定、勤勉、爱好和平的民族，但北部的蒙古高原境内自古以来就生活着居无定所的蛮族和他们肆无忌惮烧杀掳掠的军队，比如成吉思汗和他的军队。长城在数百年②的时间中都发挥着重要的保护作用，毕竟蛮族长时间都缺乏能将游牧部落大规

---

① 根据吴如嵩等主编、白山出版社1993年出版的《孙子兵法辞典》，"古人把天下分为九州，视豫州为九州之中，故称这一带为'中原'，指今河南省及河北省、山西省南部、山东省西部、陕西省东部"，也就是本章故事发生的地区。——译者注

② 这个数字比较保守，楚长城被认为是中国最早的长城，距离宋元时代有一千多年的历史。——译者注

模地组织、联合起来的能干的将领，从而摧毁长城——然而，成吉思汗就是这个能干的将领。在胡沙虎被杀的第二年，也就是1214年，成吉思汗组建了强大的入侵军，四路进兵，讨伐金朝。每一路的军队都十分强大——面对这些野蛮、残忍、数量庞大的入侵者，金朝上下既恐惧又焦虑。

金宣宗派出最精锐的部队把守关隘、桥梁和渡口等要地，希望可以挡住敌人，但以失败告终。此前，成吉思汗把从金朝败军那里缴获的战利品都分发给了将士们，还发表了激昂的演说，向将士们郑重承诺，接下来还会获得更多战利品。于是，蒙古兵发狂似的往前猛冲，他们想把眼前看到的一切都抢走。

金朝皇帝出于御敌的考虑，命令一切拿得动武器的男性，无论现在在哪里，都要立刻前往最近的大城市或堡垒，登记入伍并准备战斗。因此，当蒙古兵进入中原，发现村里只剩老弱妇孺——漂亮女人和大一点的孩子都已被抓起来充作随军奴隶。不过，他们还是把找到的所有金银、丝绸和值钱物品全部洗劫，并充作战利品，抢到的牛羊则被赶回蒙古。当然有些牲畜带不走，那就全杀了，当作大军的粮食。

蒙古人有个习惯，就是在洗劫城市及其郊区后带走一切有用的东西，烧毁城镇后继续前进，徒留一片焦土及在废墟中绝望徘徊的幸存者。

蒙古人转运俘虏的方式残忍且卑鄙：若经过对方重兵驻守的城镇且对方准备抵抗，蒙古人就把无助的俘虏推上第一线。如果守军要射箭，就要顾虑是否会伤及俘虏，何况里面可能有自己的妻儿。守将肯定会下令射击，但士兵们听到妇女儿童的哭声定会不忍，进而抗命，这时，蒙古人就会趁乱进攻，占领城镇也更容易了。

中原大地上有长江、黄河这两条自西向东流淌的大河，将中原和南方地区分成面积近乎相等的三部分。黄河是相对位置在北的大河，蒙古人用了两年的时间基本占领了黄河以北的全部地区，相当于中原大地的三分之一。当然，这个过程中，蒙古人也啃了一些"硬骨头"。

被称为"燕京(Yen-king)"的金中都就是其中一块硬骨头,它守卫森严,蒙古军队一度不敢贸然进攻,最后成吉思汗集中大量兵力亲自征讨。金朝君臣严阵以待,他们预计蒙古军很快就要发起进攻。成吉思汗其实也在犹豫:一些将领劝他强行攻城,但他认为更应该采用政治手段。

成吉思汗派人进入中都,带着和平提议与金宣宗交涉。成吉思汗表示自己不想毁掉中都,但愤怒叫喊着要洗劫城市的那些士兵需要被安抚,所以最好给他们准备一份大礼。如果金朝能做到这一点,自己就放过中都并且退兵。

金宣宗和大臣们感到费解,大臣们就解决问题的策略各抒己见:有人说应该立刻拒绝,但有位将领觉得这还不够,提出应该派兵攻打蒙古兵营,让对方感受到金朝人的愤慨和怨恨。

不过,也有大臣劝金宣宗服软,和成吉思汗进行和谈。他们认为此时贸然攻击蒙古人太冒险了,这个策略不合时宜,但一味闭门固守也很危险:如果输了,那一切都完了;就算能打赢,也只能解一时之危，因为蒙古人将来可能会组建更强大的军队卷土重来，这样的对手只会更愤怒、更暴力。而中都的守军多有怨言，士气低沉，他们组织的防御软弱无力；这些将士远离家乡，一心只想如何回家看看妻子儿女都怎样了。

最终，金宣宗派专人到成吉思汗营地议和，对方开出了金朝不得不服从的苛刻条件，其中一条就包括将完颜永济留下的女儿（金朝公主）送给成吉思汗当妃子，另外要童男童女各500为奴隶、3000匹好马及大量丝绸和钱币。条件得到了满足，成吉思汗把奴隶和财物都分给将士们，然后撤围北退。

前文提及的另外抓来的妇女儿童，蒙古兵只带走年龄较大适合做奴隶的那些，较小的儿童被认为碍事，一律被杀掉了。

金宣宗并未因为蒙古兵撤走就松了口气，强盗今天拿了赎金走人，但很可能明天找个借口轻轻松松就杀回来，现在还很不安全。很快，金宣宗提议迁都，搬到黄河南岸的一个大城市①。有的大臣

---

① 即汴京，这次历史事件被称为"贞祐南迁"。——译者注

强烈反对，因为这么一走了之，北方的疆土恐怕就收不回来了，而成吉思汗很快就会把整个北方收入自己的版图，所以此时应该坚决守土抗敌而非迁都。对朝廷来说，当务之急是补充新兵、建造工事、派兵守城、储备物资，以高效且强大的抵抗防备蒙古人再次侵犯。

这些论点未能打动金宣宗，他说如今国库枯竭，士气低落，中都附近的城市都被毁坏。蒙古兵的蹂躏让国家人口大量减少，大规模扩军的难度很大。只有将首都迁到黄河南岸才能保住，但宣宗说，自己会留下一位皇子指挥强大的守军在中都驻守。

金宣宗带着亲信和少量军队启程，这种行为被认为是卑鄙无耻的叛逃，也给金宣宗带来了各种各样的麻烦。卫队走到一半就哗变了，一个将军甚至送信给成吉思汗，说金朝皇帝已经弃都城而走，若蒙古大汗不弃，自己马上率领全部军队加入蒙古军为他效力。

成吉思汗收到信后勃然大怒，当然这种情感可能是装的，金朝的皇帝是在和自己作对，既违背盟约，又相当于对他开战。所以，他命令一个部落首领——木华黎再次率大军南下攻打中都。

失魂落魄的金宣宗已经完全陷入绝望和恐惧的境地，开始担心留守中都的皇子的安危，于是派人给他送信，召他来和自己会合。皇子离开中都，城中因此阴云密布，大家对金宣宗更加不满。

临走时，皇子留下完颜承晖和抹捻尽忠两位将领守城，他们临危受命，准备抵御正在迅速逼近的木华黎军。但两人手上的资源严重不足，局势一度非常尴尬，二人不知如何是好。

完颜承晖提议自戕殉国，作为主将的抹捻尽忠以这是逃避责任且是最可鄙的行为为理由拒绝了。抹捻尽忠说，自己的职责是与将士们同生共死，如果实在守不住，只要有机会，就要帮助将士们逃出生天。

完颜承晖被拒绝后愤然离开，回到自己的住处写了一封告急文书给金宣宗，说现在情况太危急，根本守不住中都，完成不了陛下交办的任务，决定以死谢罪。

接着，他封好信封，召集仆人，把自己所有的个人物品都分给他们，向他们一一告别，然后把他们都遣散了。

最后只剩一个将领和完颜承晖在一起。完颜承晖写了几个字，然后把他支开。将领走后不久，他喝了一杯事先准备好的毒酒，几分钟后，他就变成了一具冰冷的尸体。

同时，抹捻尽忠准备把有生力量全部带出城，继续为金宣宗效力，把满城百姓和宫人留下听天由命。宫人以金宣宗的妃嫔为主，金宣宗逃跑的时候已经把最宠爱的几位带走了，留下的听说抹捻尽忠要南下和金宣宗会合，全赶来求他带自己一起走。

抹捻尽忠先答应下来，把她们暂时糊弄走了；但他说，自己必须和军队先离开都城探路，然后才能回来接大家。妃嫔们心满意足地回宫准备，可没能等来抹捻尽忠。不久，木华黎的军队就兵不血刃地冲进城来，中都陷入混乱、恐怖之中。蒙古兵四处巡视，见人就杀，抢劫宫殿后，将其付之一炬。中都的皇宫辉煌宏大，各种宝贝被抢劫一空，又惨遭纵火，大火烧了一个多月才熄灭。

抹捻尽忠骗了那些妃嫔，我们不知道她们的最终结局，恐怕最后和其他居民一样都被杀了吧。蒙古兵处于由愤怒导致的癫狂状态，忙着在城内四处抢劫，享受亲手用长矛戳穿人体带来的快感。

面圣时，抹捻尽忠辩解说，之所以抛弃这些妃嫔，是因为实在没办法救她们，带着她们可能很碍事，军队最后将无法撤退。金宣宗表面上接受了这个说辞，不久后治了他一个阴谋篡位的罪，把他处死了。

木华黎缴获了金朝国库中留存的大量丝绸和金银器等贵重物品，全部献给仍在塔塔儿营地坐镇的成吉思汗。

此后，成吉思汗在金朝又打了其他战役，他的疆域继续往南扩张，占领了金朝的绝大部分土地。他慢慢地占领了所有领土后，就从投诚的前金朝官员中挑选合适的人任命为行省丞相，让他们进入自己的统治机关。这些投诚的官员不再忠于金朝，转而忠于成吉思汗，并且和他约好每年进贡。中原已经平定，成吉思汗的目光开始往西看，落到了塔塔儿部落和蒙古部落与西辽及苏丹摩诃末的领土交界处。[1]

---

[1] 1218年，蒙古帝国灭西辽。1227年，蒙古帝国灭西夏。1231年，灭花剌子模。1234年，金亡。——译者注

第17章 *CHAPTER XVII*

苏丹摩诃末（1217年）

The Sultan Mohammed (*1217*)

在前一章，我们讲的主要是成吉思汗鏖战中原，占领金朝领土的故事，这让他已经建立的帝国的疆域变得非常广袤。后来，蒙古帝国的版图包括他直辖的领地、附属的行省与王国，从南到北贯穿亚洲内陆，东起日本海岸和中国沿海地区，西到里海，横跨近3000英里。

帝国西部边境外有西辽和其他信奉伊斯兰教的国家。在信奉伊斯兰教的国王中有一位苏丹摩诃末，这个强大的君主统治着里海一带的广袤疆域，其核心是被称为花剌子模的国度，他本人也因此被称为"花剌子模的摩诃末"。

成吉思汗打败了东亚所有的对手，实力很强大，当统治的基础也稳定了，他便准备和苏丹摩诃末开战，一举征服他的国土，将里海沿岸的土地都纳入自己的版图。但成吉思汗这次采取了不同的策略，他派出使者前往花剌子模向苏丹摩诃末提议结盟。这是因为厌倦了战争，准备休养生息？是因为距离花剌子模实在太遥远？还是因为对方实力太强，己方不宜贸然出击？那就不知道了。

1217年,成吉思汗派马哈木作为使者前往花刺子模。

马哈木带着大批侍从和护卫出使,几周后就到达花刺子模,然后得到苏丹摩诃末的接见。马哈木在蒙古秘书官的陪同下,在王宫中向摩诃末的王室成员和大臣们传达了成吉思汗的消息。

马哈木谈到了成吉思汗取得的胜利,以及在开疆拓土方面取得的重大成就。马哈木说,成吉思汗已经成为东方的统治者,帝国疆域从大陆最东一直延伸到花刺子模边境,现在大家已经是邻国了。成吉思汗想和苏丹缔结友好联盟,这对双方都有好处。因此,成吉思汗派使者到花刺子模来提议结盟,并且是带着最诚挚的善意来的,希望苏丹摩诃末将自己视为父亲,自己也一定会视苏丹摩诃末为自己的亲儿子。

当时,父权制观念在很多政权中都很流行,父子关系不仅指老人和年轻人之间的情感联系,还包含了地位与权威、依赖与服从的关系。成吉思汗年纪大了,可能只是想表达自己年龄上"能做苏丹摩词末的父亲"，不会有别的什么意思。但不管是不是这样，苏丹摩诃末从一开始听到这个话就不舒服。

不过，直到公开接见结束，苏丹摩诃末都是一言不发，单纯地听马哈木讲话。之后，他把马哈木单独带到另一个僻静的地方私下交谈。为了让他放松警惕，也为了让他说实话，苏丹摩诃末送给他一条点缀着奇珍异宝的名贵围巾，问他成吉思汗取得胜利的那些话到底有多少是真的：

"怎么样？成吉思汗那些征服的成果都是真的吗？他的帝国真的那么强大、那么辽阔？跟我说实话吧。"

马哈木回答道："我告诉陛下的那些内容都是真的，我的主人真的就像我说的那么强大。要是两国之间有了什么麻烦，您很快就能意识到这一点。"

这些话简直充满了轻蔑与放肆，苏丹摩诃末本来已经不高兴，这下被彻底激怒了：

"我实在不明白你的主人对我说这样的话想要

表达什么——征服了多么广袤的疆域？拥有多么强大的权力？他凭什么比我更伟大呢？希望我尊称他为父亲，把我当儿子看，还要我心甘情愿，你这个主人到底是有多了不起啊？"

马哈木意识到这么说不恰当，马上改变了态度，开始对苏丹摩诃末说好话，以转移其注意力。马哈木还是清楚的，虽然成吉思汗帝国的版图近期确实大幅扩张，但苏丹摩诃末享有的权力和荣耀还是更高一等。马哈木说自己只是传话的仆人，请苏丹摩诃末不要因为自己履行职责而生气，毕竟当仆人的必须为主人做事。他还向苏丹摩诃末保证，就算成吉思汗说的话有些不中听，这绝非他的本意，此次出使及一切相关事宜都是怀着友好的目的。

好话说了一通，苏丹摩诃末总算舒服了一些，最终同意了马哈木所有的提议，签订了和平的贸易条约，马哈木出使任务算是圆满完成了。他满载礼物回到蒙古，有的是给自己和随从的，有的是给成吉思汗的。

马哈木还带回一队按照条约前来进行贸易的商队，商人们把货物带到成吉思汗的地盘；新的市场已经开放，商人们也想看看自己能在这里有什么生意可做。商队跟着马哈木，其强大的卫队可以周全地保护他们。因为沿途的塔塔儿部落不遵守法规，要是没有护卫，商队满载的货品是很不安全的。

成吉思汗对这次的外交成果很满意，也很喜欢苏丹摩诃末送来的精美服装、武器、宝石等礼物。成吉思汗欢迎商人的到来，他开放场地设施，允许商人在全国各地自由贸易。

为了保证今后商队的安全往返，成吉思汗在连接蒙古和花剌子模的各条道路上都部署了守军；他们占据了交通要道口附近（特别是河流交汇处和大山的隘口）的堡垒要塞，奉命在辖区内巡逻以杜绝抢劫事件。他们一旦发现盗匪成群，便马上开始缉捕，任何藏污纳垢的地方都不放过，直接将匪窝连根拔起。不久之后，全国各地的治安状况大大改善，商队可以自由往来，就是带着金银财宝也不用害怕了。

有的穆斯林商人起初定价过高，因此还出了一个典故：贸易条约签订后不久，一队商人把商品呈给了成吉思汗，但报价连他都觉得高得离谱：

"如此要价，你们当我从不买东西，是吗？"

成吉思汗拿出自己的1000多个大箱子给商人们看，里面是形形色色的贵重物品，包括金银器皿、各种丝织品、镶嵌精美宝石的武器和装饰品等。他这是在告诉商人们，自己也是交易过商品的，了解它们合理的价格区间。既然穆斯林商人漫天要价，把买家当作笨蛋来看，自己现在就要把他们的商品全部退回，让他们在蒙古什么生意都做不成。

成吉思汗说到做到，这些商人什么都没卖出去，被迫返回了。

另一队商人听说了这伙倒霉蛋的经历，决定换一个办法；他们带着自己的商品来见成吉思汗，在他问价格的时候干脆说让陛下自己出价，毕竟他更擅长判断商品的价值——就算一文不给，他也可随意挑选，而他们同样高兴。

成吉思汗听了很受用，挑了一些商品，给了双倍的价钱，并且赐予商人们在自己领地内与蒙古人贸易的特权。

贸易往来并不完全依赖花剌子模商人。在上一段中提到的商队来到蒙古后不久，成吉思汗也组建了自己的商队，他们带着蒙古出产的物品进入苏丹摩诃末的领地，希望在那里找到市场。商队中有四位商人头领，还有很多助手、随从和骑骆驼的人，总之，规模很庞大。成吉思汗派出三名使者，再次向苏丹摩诃末展现自己的友好姿态，希望这能对两国间的友好贸易往来起到鼓励和促进的作用。

这次，三个使者都是穆斯林，成吉思汗有几位大臣信奉伊斯兰教。尽管蒙古帝国有自己的神，也就是长生天，但成吉思汗包容并接纳各种宗教信仰。成吉思汗常常会用良臣，他不在意这些臣子信奉什么宗教，只要他们人尽其才就行。这次他专门挑选了穆斯林大臣出使，因为他觉得苏丹摩诃末看到宗教信仰相同的人来传递信息会高兴，况且三人都是西辽人，对出使的国家及所使用的语言都很熟悉。

商队不光只有男性商人和使者，成吉思汗还允许自己的妻子和朝中其他贵族派遣仆人或信使与商队同行，在途经的各个穆斯林城市给主人们购买、挑选各种稀奇或实用的商品，贵族们和自己的夫人们也都很愿意抓住机会派人去。

随员、商人、仆人和使者等组成了一支庞大的队伍，准备出发时，一清点，据说至少有450人。

商队在一切准备就绪后开始了长途旅行，成吉思汗专为他们配备了保障安全的卫队，并且提前传令沿途驻军一定要加倍小心，确保商队安全通行。

商队在严密的保护下安全无损地到达了穆斯林的地界，但到达后就遭遇了非常严重的灾难。下文将为读者呈现。

巴格达的哈里发算是伊斯兰教世界中的重要人物，他长期和苏丹摩诃末不睦。苏丹摩诃末请巴格达哈里发授予自己特权——这种特权必须是为阿拉伯帝国①做出卓越贡献才能授予。苏丹摩诃末说自己的功劳已经够了，因为自己曾征服100多个可汗、部落首领之类的领袖，砍下他们的头颅，占领他们的土地，让穆斯林的势力前所未有地提升了。

苏丹摩诃末派出使者到巴格达跟哈里发提出了上述请求。哈里发听完便拒绝了，说苏丹摩诃末做的这些在重要性和价值上都配不上自己所要求的荣誉和特权。即便如此，他还是向苏丹摩诃末表示尊敬，派使者礼送苏丹摩诃末的使者，并且与他共同返回，叮嘱一定要以尊敬、礼貌的方式将哈里发的答复传达到苏丹摩诃末本人那里。

苏丹摩诃末对哈里发使者以礼相待，尽管得到的答复让他很愤怒，但他没有表现出来，只在使者离开后立刻召集所有重要首领和文臣武将开会，宣布了组建军队出兵巴格达，推翻哈里发后取而代之的决定。与会者很乐意参与，他们知道成功

---

① 此时，阿拉伯帝国已经分裂为巴格达哈里发、开罗哈里发和科尔多瓦哈里发三个国家，也遭遇了塞尔柱突厥人的入侵。最后，阿拉伯帝国在1258年被蒙古帝国灭掉。——译者注

后就会获得很多荣誉和战利品，所以在组建远征军一事上特别用心。军队的组建如期完成，苏丹摩诃末也准备下令军队开拔。但延误在这个时候开始出现，军队直到秋末才出发，缓慢行进到山间隘口时发现已入隆冬。天冷极了，士兵们无处躲避严寒和冰雨；苏丹摩诃末认为不能再前进了，决定折返回国，等待合适的时机再来。更糟的是，巴格达的哈里发已经对苏丹摩诃末的意图有所察觉，并决定在明年开春前做好防御准备工作。

得知苏丹摩诃末的军队遭遇意外，自己逃过一劫的巴格达哈里发很高兴，马上决定向背叛自己的苏丹摩诃末宣战。他想到一个计划，那就是煽动成吉思汗和自己从东西两个方向来夹击对手——从地图上看，巴格达和蒙古帝国恰好就分别位于花剌子模的西边和东边。

但在会议上，哈里发拿出计划来讨论的时候，遭到强烈的反对。苏丹摩诃末和哈里发一样都是穆斯林，但蒙古人当时信奉的宗教与伊斯兰教完全不同。穆斯林称不信教的异教徒为"不信者"。反对者还表示，这是为防范短期的危险而把安拉（Allah）的敌人带到信奉伊斯兰教国度的行为，这样不分是非，最后会亡教亡国，毕竟带着野蛮的"异教徒"向同为信徒的苏丹摩诃末开战这种事就是对伊斯兰教的一种亵渎。

哈里发则表示，因为是非常时期，为了免遭杀身之祸，可以不惜一切手段。至于成吉思汗，哈里发一定会持续关注他带兵杀来之后的动向，以防不测。况且哈里发宁可把成吉思汗这种公开的"异教徒"作为留到最后的敌人，也不接受被他视为叛教者的苏丹摩诃末。哈里发不相信成吉思汗对穆斯林及其信仰有任何仇恨，也确实如此，因为成吉思汗允许在蒙古境内的穆斯林安居，不被骚扰，还让穆斯林在自己的朝堂上担任高官。

哈里发最终决定送信给成吉思汗，请他和自己结盟，共同讨伐苏丹摩诃末。

难点在于如何穿过苏丹摩诃末的领地送信。哈里发想出了一个很独特的方法：不把信写在纸上，而是刺在信使的头皮上，藏在头发里。信使装成乡下人前往蒙古,顺利来到成吉思汗领地;成吉思汗要做的是下令剃掉使者的头发,信的内容便一览无余了。

这是很安全的,因为即便遭到拦截或被怀疑,苏丹摩诃末的人也查无实据。

成吉思汗获悉哈里发的提议后,其实很高兴,但他还是回信说,因为和苏丹摩诃末签署过贸易条约,暂时还不能明着反对苏丹摩诃末,双方都要遵守约定,但苏丹摩诃末不安分,恐怕不会长久保持现状。一旦这种情况出现,成吉思汗就可以在苏丹摩诃末不安分的时候介入,找个机会对其宣战。

巧的是,这正是成吉思汗的商队和使者到达苏丹摩诃末领地边境的时候。

商队穿过边境后,经过的首个重镇是讹答剌。商队得到该城总督的盛情款待,也很高兴有机会缓解旅途的劳顿。但总督的热情好像是装出来的,总督写信给苏丹摩诃末说,一群蒙古人来到了讹答剌,商人和使者的模样都是装出来的,他们对本城守军兵力和城防状况很好奇，所以他们大概是间谍。总督还说，这些人大概都是成吉思汗派来的密使，是来刺探最佳入侵路径的。

也有这么一种说法，即商队中的一个使者是讹答剌本地人，他很早就认识总督。按照当时的风俗习惯，他向总督打招呼的方式让总督觉得被冒犯了，所以总督才向苏丹摩诃末告状。甚至还有人说，总督就是想把这次贸易搞黄，这样他就能独吞商人和使者丰富的商品和礼物。

不过，有一点是肯定的，讹答剌总督把蒙古商队当成了密探，还向苏丹摩诃末告发。不久，他得到回复，苏丹摩诃末命他把商队的人全杀了，并且给了他自由裁决的权力。总督请商队全体人员赴宴，把他们灌醉后发出信号，一群卫兵冲进来趁他们行动不便时杀死了大部分人。

但杀光所有人的目标没有实现，一个商人趁乱逃出，回到蒙古把一切禀报给成吉思汗。

成吉思汗大怒，立刻将儿子、所有贵族和族长召集起来，商队被屠杀的始末让大家都很愤怒，激起了大家复仇的欲望。

同时，成吉思汗送信给苏丹摩诃末，说苏丹摩诃末以如此卑劣行为违约，大家从此就是不共戴天的仇敌。他一定要报复，要用火和剑摧毁苏丹摩诃末的国家，以此惩罚他的背叛和残忍。

成吉思汗派出三位使者送信，按惯例他们应该受到尊重，却被苏丹摩诃末全给杀了。

成吉思汗因此事怒不可遏，相传他忧愤交加，整整三天不吃不眠，几乎要发狂。之后，在备战期间，成吉思汗忙于整军，不分昼夜，直到一切就绪，才肯停下来好好休息。

第 18 章　CHAPTER XVIII

与苏丹摩诃末的战争（1217年—1218年）

The War with the Mohammed (*1217—1218*)

成吉思汗准备大战一场，他派人给每个儿子、帝国所有可汗、总督等送信，说明发动战争的原因，并命令所有人召集自己的军队到指定地点集合。

成吉思汗就甲胄和武器事项下达了详细的规定：要求配备刀、弓、装满箭的箭筒和战斧等武器，还要求每人配一根绳子。对游牧民族来说，绳子当然是必备品。

将领们要身穿甲胄，装备武器。财力允许的打造全副铠甲；实在没钱的，也要戴头盔，穿胸甲。战马也要佩戴马甲，铁甲皮甲都可以，只要做得够厚够结实，不会被箭射穿就行。

据说，所有军队到指定地点集合以后，成吉思汗竟发现自己有70万大军！

之后，成吉思汗面向全军颁布了战争期间的条令，其中一条规定"无论战况多么危险，任何部队都不得不战而退"。此外，如果发生大规模战斗，大单位的下属小单位（如万户下有千户，千户下有百户等），若没有收到命令就擅自撤退，其他人可以先停止与外敌作战，优先把逃跑的单位就地正法。

成吉思汗还提前安排了自己的身后事：一旦自己战死沙场，帝国的所有可汗和首领要聚集在一起，当着所有人和自己儿子的面宣读自己制定的法律，并按照规定的形式选出新的大汗。

一切安排妥当，成吉思汗下令出兵。他把军队分为若干队，按照不同路线行军，途经不同地区。行军过程中，由于粮食需求很大，但人挑马驮一次最多只能带几天的粮食，粮食主要靠沿途各地提供，大军整体上是不能做到同步前进的。

成吉思汗将规模最大的一支部队调给儿子术赤指挥，他在成吉思汗问鼎最高权力的征途中表现得相当亮眼。

术赤奉命带兵穿过西辽，也就是屈出律曾寻求过庇护的地方，当时屈出律仍然躲在那里。某种程度上说，西辽对成吉思汗并不友好。成吉思汗本人则带着主力部队走南边的路线向苏丹摩诃末的领地发起进攻。

苏丹摩诃末也没有坐以待毙，他集结所有兵

力,得到40万人,虽然比成吉思汗的兵力少多了,但也算是一支大军。

接着,苏丹摩诃末率军出发,走了一段距离后,他发现术赤军已经过了西辽,到了自己的北边。苏丹摩诃末意识到,如果此时他率军北进,有可能在术赤和成吉思汗会合前将其消灭,所以他立刻着手调兵遣将。

苏丹摩诃末的大军立刻改变行程,往术赤那里赶。斥候在一处发现了很多尸体,尸体堆里有一个还活着的人,他告诉斥候说,术赤的军队把当地人几乎都杀光了。苏丹摩诃末听说后继续北进,很快就赶上了急于和成吉思汗会合的术赤。

术赤和将领们商量此时该怎么办,大家都建议他避战。

"我军不够强大,没法单独应对苏丹摩诃末的大军,最好还是先避其锋芒,有序地撤退,待与主力部队会合后再做打算。对方要想跟踪我们,是无法集中力量这么做的,他们必须分兵。到那时,我们可以把敌人各个击破,这比跟他们发生大规模正面冲突好多了。"

术赤不听。

"这样一来，父亲和弟弟们会怎么想？不战而逃，这是抗命啊。我们必须坚守，靠勇气能守多久就守多久，死也要死在沙场上，不能当逃兵。你们提醒我危险是尽职，我要你们抵抗也是尽责。"

于是，术赤命令军队停止前进，并且摆开战斗阵形。

战斗很快打响，持续了一整天。虽然蒙古军队人数较少，但在纪律和勇敢程度上均超过了对手，所以即使暂时未取得决定性胜利，也占了很大优势。傍晚，苏丹摩诃末这一边军心涣散，士兵们想撤退了。将领们竭尽全力劝士兵们坚持到天完全黑，那时战斗将不得不结束。最后，两军完全混战在一起，根本不分彼此了。之后，双方点燃营火，各自收兵回营。

术赤想，自己已经在白天遵照父亲为荣誉而战的要求，天亮后再战就很危险了，为谨慎起见，必须先撤退。于是，他下令给营火上足燃料，以此来迷惑敌人，进而全军趁夜撤退。第二天一早，苏丹摩诃末的军队准备再战，却发现对方已经离开自己的攻击范围了。

术赤很快和父亲会合，得到了父亲的热烈欢迎——他很满意儿子的处理方式，所以给了他很多荣誉和奖励。

后来，双方再战。战场上出现了长达15英尺的号角，号角和其他乐器共同激发了士兵冲锋陷阵的热情。

蒙古军队大获全胜，苏丹摩诃末屡战屡败，损失16万人，这接近他总兵力的一半，可以说是大伤元气。苏丹摩诃末认为在开阔地带作战必败，于是把部队分散开来，让他们凭借城镇和堡垒固守，紧闭城门进行防御，直到情况好转为止。

苏丹摩诃末本人却没有这样当"缩头乌龟"，他挑选出一个由最机敏的骑兵组成的精锐部队，随时在各地之间充当"救火队"，哪里告急就去哪里解围。

成吉思汗准备一个一个地拔掉苏丹摩诃末的

军队固守的城镇据点，第一个目标就是讹答剌，因为这里是屠杀惨案发生的地方。讹答剌不是大城市，所以成吉思汗没有亲自去，只安排两个幼子带上足够的兵马去攻打。

第19章　CHAPTER XIX

不花剌城陷落（1218年—1219年）

The Fall of Bokhara *(1218—1219)*

不花剌这座城市又大又漂亮，坐落在一片沃土之上；它交通便利，适合发展贸易，也是学术、艺术和科学的殿堂。不花剌有很多学院，培养了众多艺术和科学人才，吸引了西亚各地的学子慕名而来。

不花剌城被坚固的城墙包围，外墙周长30英里，将城内和城郊分开，各种美丽的园林构成了公共娱乐场所和富人的别墅聚居区。不花剌本来是一座安静祥和的手工业之城和财富之城，但很快就将沦为成吉思汗和他那群野蛮而残忍的军队将士洗劫、掠夺的目标——他们已经在路上了。

挡在蒙古军前面的首座城池是扎尔努克，快要接近的时候，蒙古军派出大队骑兵奔向城墙，骑兵们发出震天动地的吼声，吓得居民们惊恐地关上城门。成吉思汗派出将领带话，说抵抗毫无意义，不如马上自毁堡垒，献城投降，送来年轻人和有技术的工匠。这位将领还劝城中百姓向成吉思汗献上礼物，让成吉思汗高兴，这样成吉思汗就会放过扎尔努克了。

居民屈服了，开城投降。城内能够拿得起武器的年轻人都被抓进了蒙古军营，他们身边跟着较年长的居民，带着城里最珍贵的东西作为礼物，这些礼物都是献给成吉思汗的。成吉思汗接受礼物之后，命令年轻人都加入自己的军队，然后继续行军，而那些带礼物来的长者都被和平遣散了。

蒙古军队要进攻的下一座城市是努尔。一个扎尔努克人当向导，带着蒙古军抄近路逼近这座宗教圣城。城内各地都有清真寺，常常有善男信女和修道者前往顶礼膜拜。

努尔人一度紧闭城门，拒绝投降，但当他们发现抵抗无益的时候，还是选择了投降。成吉思汗决定惩罚他们，因为努尔人竟然萌生了抵抗蒙古军队的想法。成吉思汗只留下必备的牲畜和物资给努尔人，防止他们饿死，把多出来的财宝作为战利品分给官兵。

蒙古军队抵达不花剌城所在的平原后，安营扎寨。不花剌城是一座大城，人口众多，外城的城墙周长达30英里。成吉思汗从没想过能轻而易举地攻克不花剌城，所以他准备发动围城战；这么做不仅因为城内有大量财富、城池本身地位重要，而且因为成吉思汗认为苏丹摩诃末本人就在城内。他听说苏丹摩诃末率领精锐骑兵，带着所有财宝，退到了城里。

但上述必须攻克不花剌城的三点理由中有一点是不成立的，那就是苏丹摩诃末并不在不花剌城中；虽然他起初确实带着最珍贵的财宝入了城，但已经在成吉思汗到来前，偷偷地躲到了自认为更安全的撒马尔罕。

这时，苏丹摩诃末实际上已经有点灰心了，其他一些事也让他心烦意乱。在所有烦心事中，有这么一封信——好像是有人把这封信拦截下来，然后送到了他手上，信的内容主要是讲一些将领企图密谋抛弃他并投奔成吉思汗。因为信没有署名，所以苏丹摩诃末不知道是谁写的，但这个阴谋还是让他倍感煎熬。

其实，哪里有什么阴谋！信的真正作者是成吉思汗军中的人，信是他在得到成吉思汗默许后写下的。他是一个穆斯林，曾为苏丹摩诃末效力，却因为所谓的冒犯，他的父亲和兄弟都被苏丹摩诃末处死了。于是，他转而投奔成吉思汗，准备报复他的前首领。他对苏丹摩诃末宫中和军中一切人和事了如指掌，所以他完全可以写出一封骗过所有人、高水平的假信。

在前一年的仲夏，成吉思汗的军队开始围攻不花剌城，直到次年春天才成功突破外城城墙。然后，蒙古军摧毁了城郊，破坏了不花剌人精心开垦的耕地，把别墅里的财物掠夺一空。接着，蒙古军队在内城墙附近进入战斗位置，准备进攻内城。

苏丹摩诃末留下三位大将守城，他们决定不等对方攻城，而是反客为主，率领全军利用堑壕与对方交战，还发动夜袭。虽然蒙古军队被打了个措手不及，但还是打败了不花剌军队，并将其赶回城里。那次偷袭是一次孤注一掷的冒险，不花剌军队损失惨重。失败后，将领马上弃城。他们虽然被赶进一侧的城门，但马上就从另一侧逃出，打算先救下自己和残部后，再去加入苏丹摩诃末的大军抗敌。于是，将领们带领自己的家人和主要部下的家人从南门离开，逃往阿姆河。

一行人趁夜黑风高离开，没人发现，但次日清晨，行踪还是被发现了。成吉思汗派精锐骑兵前往追击，经过约一天的追赶，在河边赶上正在逃跑的守军——铁蹄把他们踏翻在地，马刀将他们砍成肉酱，他们无一幸免。

在骑兵追击的同时，成吉思汗知道城中已无守军，就准备发动总攻。但在成吉思汗的投石器准备摧毁城墙的时候，一支由城内所有官员、阿訇和最有地位的居民组成的队伍从城门中走出，将城门钥匙交给成吉思汗，这是投降的意思。大家恳求成吉思汗饶过自己的性命。

成吉思汗收下钥匙，表示只要交出仍然藏在城内的士兵和任何可能支持苏丹摩诃末的居民，就饶恕所有人，大家承诺一定照办。

成吉思汗并未抓到任何抵抗自己的士兵，因为他们大多数都退守到仍由总督指挥的城内要塞，这位精力充沛、意志坚定的总督坚守不降。

城内有很多年轻人（包括地位最高的居民的儿子们）也决不投降，一起退到了要塞里。

得到钥匙的成吉思汗打开城门，指挥军队进城，占领了城市。他宣布只要官员们老老实实地交出仓库中的食物，供给军队，就可以饶过大家，并且不会遭到抢劫。私藏金银财宝者必须交出或交代藏匿地点。大家都保证，自己会依照命令行事。

进城后，成吉思汗骑着马在街上巡视几天后，召集了城里所有官员和居民，在为自己专门搭建的演讲台上发表演讲。首先，他赞美长生天，说长生天爱护自己，因为长生天帮助自己获得了一系列的胜利。接着，他谴责苏丹摩诃末在签订条约的情况下杀害商人和使者的行为，称这是背信弃义。苏丹摩诃末是一位可恶的暴君，现在长生天让他"除魔"。成吉思汗最后说，只要大家老老实实交出所有财物，就保大家不死。但如果有人拒绝上缴或者拒绝说出藏钱的地点，就算严刑逼供，也要让他们全都招供。

可怜的百姓们发现自己拿可怕的游牧部落没

有一点办法，他们不打算藏什么东西，也愿意将金银财宝一律上交，只求成吉思汗愿意"赏"他们一条命和赖以生活的住宅。成吉思汗起初对这种顺服的态度很满意，但后来他听说一些士兵被藏了起来，或许是被这个要塞长时间的抵抗激怒了，他下令将整座城市付之一炬。木结构的建筑遇到火立刻烧了起来，许多居民被活活烧死，更多人因为后来没饭吃、没衣穿而死。最终，要塞投降了，成吉思汗很可能要屠城，但相传他赦免了总督及其士兵。

不花剌城及其要塞已经化为一片青烟，成吉思汗把抢来的财物都分发给了自己的将士。不花剌城没有了，百姓们沦为流民和乞丐，在食物缺乏和绝望中死去。

这样的成吉思汗和海盗船长或强盗头子有什么区别？当然，海盗船长和强盗头子就算犯罪，也犯不了这么大的罪。

不花剌城被占领以后，成吉思汗收到两个儿子通过围攻占领讹答剌城的消息，他更加高兴了。讹答剌那个杀害使者的卑劣官员已经被处死,他的名字是海尔汗。苏丹摩诃末知道成吉思汗必然会把讹答剌作为首要进攻目标之一,就给总督留下5万人的兵力,后来还增派了哈拉察指挥的1万人的军队。

总督和守军闭门固守,他知道自己不管是抵抗还是投降,都不会得到原谅,只能拼死抵抗,加固工事,囤积物资,跟成吉思汗打到底。但哈拉察不必这样战斗,他和海尔汗的分歧最终让两人都受害了。我们会在下文看到。

对讹答剌的围攻开始了,蒙古军首先填平外城的壕沟,摆出攻城锤,当然守军不会让成吉思汗的儿子们轻易得逞。讹答剌守军发动夜袭,成群结队地冲向蒙古军营,虽然最终还是被赶回城内,但至少仍然破坏了一些攻城锤,并将其纵火焚烧。一段时间后,两位蒙古小将气馁了,派人给围攻不花剌城的父亲送信,说因为敌人拼死抵抗,请求改攻城为围城,意思就是从城墙邻近地区撤出,并且围住全城设置封锁线,直到城内守军因粮食耗尽而投降——这样能挽救大量蒙古士兵的生命。

父亲却不准他们这么做,而是严令他们继续战斗,不惜一切代价杀进城内。

于是,他们只能强打精神继续作战,用不到一个月时间占领了外城的城墙,摧毁了所有防御工事。接着堡垒被毁,塔楼被拉倒;城墙上出现了多个缺口,蒙古士兵随时可能从这些缺口打进来。这样一来,守军不得不放弃外城城墙,退入内城。

蒙古士兵占领城郊,把能发现的物资掠夺一空,将剩下的东西烧毁、破坏,接着开始攻打内城。双方打了五个月,战斗前所未有地激烈;守军积极运用一切可能的手段防御自己,并一次次地冒险突袭,希望摧毁蒙古人的攻势,杀伤其有生力量。

苏丹摩诃末的禁卫军队长哈拉察被派去协防讹答剌,他认为此时最好停战并向敌人投降。但海尔汗认为,自己落入蒙古人手中必死,所以不愿投降。海尔汗将蒙古人描述成最邪恶的异教徒,是安拉和穆斯林的敌人,这成功激起了城内居民和守军对蒙古人的仇恨,他们一致决定和海尔汗一起战斗,决不投降。

结果,哈拉察发现自己因为提出投降建议而成了居民和守军怀疑的目标,处境非常不安全。为了自己和麾下一万将士的安全,他决定趁夜带着他们出城向成吉思汗投降。哈拉察认为,只要投降后为蒙古军队带路,沿着逃出来的城门杀进城内,蒙古军队至少会饶自己不死,搞不好还能被成吉思汗收为部下呢。

但哈拉察的这个想法是错误的。成吉思汗的儿子们认为,连同胞都能背叛的人,只要有机会,最终也会背叛自己,所以把哈拉察及其麾下将领全部杀死,哈拉察的士兵被作为奴隶分配给全军。

蒙古军队顺着哈拉察打开的城门杀了进去,海尔汗带着还能召集到的全部人马躲进堡垒抵抗了一个月,与蒙古军队死战,但最终无力回天。城墙被攻城锤摧毁,蒙古军队从四面八方发动总攻,冲进堡垒后见人就杀。

守城士兵战斗到了最后一刻:这个堡垒的面积

很大，有的士兵躲在面积狭窄的院子和通道中，有的士兵躲在屋顶上抵抗，最后被蒙古军射死。海尔汗和另外两个人一起在宫殿的露台上并肩战斗，拒绝投降。海尔汗决意要杀死任何靠近自己的敌人，他的妻子就在旁边，尽全力鼓励、支持他。

成吉思汗下令，必须活捉海尔汗，因此蒙古士兵不对他射箭，只对他身边的人射箭。海尔汗和旁边的两个士兵乘机用箭射死了不少蒙古士兵。

两个士兵相继战死，海尔汗还活着，蒙古士兵无法靠近。试图靠近的人都被射死，然后摔下来砸到阳台上的战友身上。海尔汗的妻子以最快的速度把箭拿给他，箭射完后干脆给海尔汗搬石头，谁敢靠近就砸谁。但最后蒙古士兵四面八方一拥而上，总督寡不敌众，最终被活捉，戴上了沉重的铁镣铐。

儿子们马上写信给父亲报喜，讹答剌被攻下，海尔汗已成阶下囚。成吉思汗回复说，要儿子把海尔汗带到不花剌城，走到一半又把命令改为立刻处死海尔汗[①]。

海尔汗勇敢而忠诚的妻子结局如何？没有人知道。

[①] 也有传说称，海尔汗被带到成吉思汗的面前，成吉思汗说："既然你这么爱财，就让你死在财宝中。"于是，成吉思汗下令把银熔化成银水，接着银水从海尔汗的眼睛中灌入，海尔汗被活活烫死了。——译者注

第 20 章　　*CHAPTER XX*

进攻战与围攻战（1219 年—1220 年）

Battles and Sieges (*1219–1220*)

不花剌和讹答剌被攻陷后，成吉思汗和蒙古军队斗志昂扬，接着又打了两年仗。苏丹摩诃末一直被追击，最后终于彻底失败。不过，他的结局如何，我们下章再讨论。

这两年中发生了很多事情，这些事能呈现出当时的战斗是怎么打的，以及百姓遭受的苦难——苦难源于暴君，他们之间的战争就是为了争夺对百姓的统治权。

一次，成吉思汗派术赤率领大军去围攻一座叫昔格纳黑的城市，他刚到那里就送去一面停战的旗帜，要求居民投降，如果居民顺从，便一定会被善待。

扛停战旗的人是一个穆斯林，名叫哈桑。术赤或许认为，因为哈桑也是昔格纳黑人，让他去带话，城内百姓更好接受，但这个决定大错特错。城内居民非但不买账，反倒愤怒地认为哈桑是叛徒。尽管总督保证了信使可以安全出入，但百姓怒不可遏，总督根本保不住哈桑，最后哈桑被杀。

术赤立刻下令猛攻昔格纳黑，破城后马上开始屠杀：城内官兵全被杀死，居民被杀一半。他为被害的哈桑报了仇，还在城中的主广场上立起一座雄伟的纪念碑纪念他。

术赤以最严厉的手段对付反抗者；但只要居民立刻投降，就能获得某种程度的特权和保护。这带来的后果是，很多城镇的居民完全不抵抗就投降了。一次，一座城镇的官员和其他主要人物出城迎接，他们与术赤相见的地方距离城镇足有两天的路程。这些官员带着城门钥匙和大量精美的礼物，摆在术赤脚下，求他饶恕。

还有一座城是术赤的大军用计攻下的。攻城的时候，他让一个工匠勘察敌人的防御工事。他得到报告说，外城墙一侧某处有一条灌满水的壕沟，从那里通往城墙的道路异常难走，对方可能认为蒙古军队不会从这里发动进攻。工匠提议造一些轻便的桥，将梯子靠在城墙上。结果，守军还没反应过来，蒙古士兵就已经杀入城内，并打开了其中一座城门。于是，蒙古大军进入城内，而那个提建议的工匠一马当先登上梯子。带头爬梯子需要极其冷静的心态和非常大的勇气，因为天黑能见度低，没人能预料到爬到顶会看到多少敌人。

术赤大军的下一个目标是巴纳克忒，这是一座美丽、静谧的城市。城里有几所学校，是学者和闲人的好去处。这座城市很舒适，到处是喷泉、花园和优美的休闲之地，还有很多迷人的长廊（私有的和公共的都有）。在阿拉伯世界中，它因美丽和魅力而闻名。

巴纳克忒是一座快乐之城，虽然守军的战斗力不强，但它有城墙，总督决定战斗到底。守军猛烈地抵抗了三天，蒙古军队毫无进展。后来，投石机把城墙砸开了多个缺口，总督认为蒙古军队很快就要攻进来了，就派人找术赤谈投降条件。术赤说，一开始不谈条件，现在已经晚了，没有任何条件可谈。

蒙古军队杀进城内，将所有守军屠杀。后来，术赤命令所有居民在城墙外面的一处平原集合。大家战战兢兢地听从命令，总觉得会在一个地方被他杀掉——最后发现不是这样，术赤的目标是把他们从家中支走，方便士兵抢劫财物。一段时间后，百姓被允许回家，回家后发现财物都被洗劫一空，蒙古士兵把能带走的东西都带走了。

另有一座叫忽毡的重要大城市，位于锡尔河汇入阿拉尔湖的地区，在撒马尔罕以北二三百英里的地方。忽毡总督名叫帖木儿灭里，实力强大，在军事上有很高威望，是苏丹摩诃末麾下最勇敢的将领之一。帖木儿灭里听说巴纳克忒被攻陷，认为自己必是下一个目标，因为忽毡似乎是蒙古军队行军路上的下一站。他积极备战，切断了通往忽毡的所有道路，拆掉桥梁，大量囤积食物，以便保证长期围困状态下的居民生活。他还下令将周边地区富余的粮食、果菜和牲畜全部运走藏起来，不让它们落入敌手。

术赤并未亲自指挥攻城，而是让阿拉黑将军指挥一支大军进攻。阿拉黑率军向忽毡挺进，他在河上重建桥梁，以便攻城，接着在各处部署大量攻城锤，用于摧毁城墙或压制守军。攻城锤威力很强，一次就可以把磨盘大小的石头扔过城墙。①

帖木儿灭里积极进行防御，建造了很多平底船。这些船也被称为"浮动炮台"，往敌营投掷各种射弹。炮台并非开放性的，所以可以为士兵提供掩护。平底船两侧有炮口，和现代战舰一样。当然，现代战舰发射的是炮弹，那个年代的武器主要是箭、飞镖、标枪和石头。这些船被部署在河流的上游和下游最能有效打击蒙古军队的位置，搭载的武器杀伤范围很大，是进攻方的极大阻碍。

阿拉黑仍然在战斗，他尽力封锁这座城市，但另一侧有一大片丛林是无法被封锁的。帖木儿灭里通过丛林接收了很多赶来支援的士兵，而阿拉黑也不断得到术赤就近派出的援兵。至此，双方继续展开艰苦的战斗。

帖木儿灭里想到一条计策，以此引诱对手上钩。河流中心有一座小岛，距离城市不远。在被包围前，帖木儿灭里在道路上建造了一座前哨堡

---

① 这些攻城锤都是从金朝俘虏的工匠利用高超的技术建造的。——译者注

垒，部署1000人驻守。为了转移蒙古军队对主城的注意力，帖木儿灭里派出很多士兵假扮逃兵跑到蒙古军中，蒙古人当然会盘问这些"逃兵"城防方面的问题，希望找到帖木儿灭里的弱点。这时，假逃兵就会劝他攻打这个岛上的堡垒，说很容易就能打下来；并且称那里是指挥中心，占领以后主城肯定就投降了。

阿拉黑便让人把攻城部队的主力转移到岛对面的河岸，集中力量攻打堡垒，但因为河面太宽，堡垒城墙厚且高，所以没有造成什么破坏。很快石弹就耗尽了。忽毡位于河流冲积地，找不到石弹，所以阿拉黑被迫到10英里（一种说法是12英里）外的高地找新的石弹，从而耗费了大量时间，守城方乘机招募了大量补充兵员。

在寻找石弹的时候，围城战基本上处于停滞状态，因为蒙古士兵基本在忙着运石头。虽然最终运来了大量石头，但将领们改变了计划，不再往射程外的堡垒投射石头，而是在河中建造码头，拉近自己与堡垒的距离，这样才能增加摧毁堡垒的可能性。于是，阿拉黑让人去准备柴捆和木筏，绑上石头沉入河底作为地基，然后再运来一批新石头。蒙古军队多处同时施工，步兵在靠近河岸的地方建造码头，而骑兵在河中央打地基——打地基是难度大、危险的差事，因为淤泥会不断把人往下拖，同时守军一直射箭、投标枪、抛石头，甚至放火箭，蒙古骑兵伤亡惨重。

不过，蒙古人还是坚持下来，建成了这座码头。帖木儿灭里认为，蒙古人很快就会夺得有利地形，自己抵抗是不可能了，就决定逃跑。他的计划是与所有士兵一起登船，趁夜顺流而下，逃之夭夭。

帖木儿灭里让人秘密建造了70艘船，都藏在对手看不到的地方，直到一切准备完毕。每艘船都披着厚实的湿毛毡，毛毡上还涂了泡醋的黏土，能够抵抗投射类武器和火焰。

乘船逃跑必须清除障碍，而障碍就是蒙古人建造的跨河桥梁。一天夜里，帖木儿灭里忽然率兵出击，又出动很多装载可燃物、焦油(tar)和石脑油

(naphtha)的平底船,点燃后放它们顺流而下,点燃了木制的桥墩和桥桩。守桥的蒙古士兵在抗敌的同时无法兼顾守桥,只能看着它被烧毁。

逃跑的通道打开了,帖木儿灭里趁夜让家人和大部分士兵上船。蒙古人还没弄清帖木儿灭里想干什么,而这些船就马上出发,迅速开走了,天亮的时候已经无影无踪了。

不过,蒙古人很快意识到帖木儿灭里已经逃跑,立刻派出一支精兵沿着河南岸追赶,并且很快追上了,与岸上和船上的敌人发生激战。驾船的时候,船夫尽量让它们靠北行驶。但遇到河道较窄或礁石露出水面,船就不得不距离蒙古人更近一些,这时,战斗就变得尤其激烈、血腥:蒙古人骑马踏入水中,靠近小船,对它们投掷长矛,射火箭,船上的穆斯林则利用船上的舷窗还击。

直到最后,在水位较浅的地方,船因沙洲和浅滩而搁浅,帖木儿灭里等人只能下船走陆路。在阿拉黑还没有召集足够的攻击力量前,帖木儿灭里就已在一块高地上摆开了防御阵势。

蒙古军队驱马踏入水中,攻击船舶

蒙古军队开始发动攻击，第一次进攻被击退，但防御方很快被迫离开，继续撤退。在这个过程中，帖木儿灭里的士兵越打越少，有的被追兵所杀，有的在混乱中逃散。帖木儿灭里最后几乎成了孤家寡人，差点被抓。他一度被三个蒙古士兵紧紧追赶，他先转身向第一个追兵射箭，射中其眼睛。另外两个蒙古士兵试图帮助这个痛苦的伤兵，帖木儿灭里乘机逃脱。帖木儿灭里不知道吃了多少苦，终于见到了苏丹摩诃末；苏丹摩诃末热情地接待了他，表彰了他不屈不挠的精神，任命他当了另一座城的总督。

帖木儿灭里的一部分船被毁，一部分船被阿拉黑的部下控制，但运输帖木儿灭里家人的船沿河漂到了安全的地方。

在帖木儿灭里等人逃走后，忽毡成了空城。第二天，忽毡因为没有任何防御而投降了。

第 21 章　*CHAPTER XXI*

苏丹摩诃末之死（1220年）

Death of the Mohammed (1220)

术赤等人每到一处，蹂躏百姓和城池，围攻并占领沿途所见的城镇和要塞。而成吉思汗在此时正带着主力部队直插撒马尔罕，他推测苏丹摩诃末藏在这里。撒马尔罕是花剌子模的都城，是一座大城市。

除了苏丹摩诃末，成吉思汗还想抓住他的王后和母后。苏丹摩诃末的母后是一位杰出的女性，上一任苏丹（她的丈夫）在位期间，她就因学识渊博、心地善良和待人诚恳等良好的品质而为人所知。参政期间，她得到了"世界信仰的保护者"的称号。这位母后明智而高效地行使权力，秉公执法，锄强扶弱，公正地审理案件并做出判决。作为掌握绝对权力的女性，她很严苛；只要有政治上的需要，她随时可以变得冷酷无情。她就是历史上著名的可敦（Khatun[①]）。

可敦暂时不在撒马尔罕，而是在大部分王室成员居住的花剌子模城。上一任苏丹驾崩后，她一直

[①] 音同"Cah-toon"（古回鹘音，相当于"皇后或王后"。这里的可敦是秃儿罕太后。——译者注）。——原注

住在这里。

上文已经说过撒马尔罕，它是一座繁华大都市，按照惯例由双层城墙保护。外墙保护整座城市，内墙保护清真寺、苏丹摩诃末的宫殿和其他公共建筑。撒马尔罕的城墙比不花剌的城墙更好、更牢固。相传，外墙有12扇铁门，每两扇铁门之间距离一里格①，每两里格就有一座能容纳很多人的堡垒。城墙上有城垛和塔楼。守军能依托城防工事作战，而城墙四周宽阔的壕沟能阻止敌人前进，削弱敌人的进攻能力。

撒马尔罕水资源丰富，是当时世界上水利建设水平最高的城市之一。山间的溪流被铅水管引入城市的各个角落，居民们按需取用。城内每条大街都有水流相伴，每家每户的庭院里都有喷泉，向公众开放的广场或园林中有土堆，土堆中央有水喷涌而出，流向四周，形成小溪甚至瀑布。

外城城墙有城门和塔楼，城墙外四周有大片的空地、花园、果园和良田。撒马尔罕盛产各种水

---

① 1里格=4.83公里。——编者注

果，商人会将水果卖到周边地区。远远望去，整个撒马尔罕掩映在花园和果园之中。树梢顶部能隐约看到清真寺的塔尖和一些房子的屋顶，其他什么都看不见。

听说成吉思汗要来攻打，周边的人成群结队地进入撒马尔罕寻求庇护，但因人数过多，已经超出了撒马尔罕城的容纳能力。另外，苏丹摩诃末还派出了10万人的军队保卫撒马尔罕，军队由30位将军指挥，并配备了20头战象以破解敌人的围城战术。苏丹摩诃末的军队并未立即进城，而是在撒马尔罕城周边安营扎寨。士兵们挖掘深沟，巩固营地的防御，又将挖出的泥土堆砌在营地周围形成堡垒以保护营地。然而成吉思汗到达后，很快就将苏丹摩诃末的军队赶出营地，迫使他们进城躲避。苏丹摩诃末的军队撤入城内，拼死抵抗。如果不是因为内讧，成吉思汗恐怕真没那么容易攻克此城：似乎城内的富商和有钱人家都确信，这座城市迟早会落入蒙古人之手，所以最好立即投降，并向成吉思汗提出献城的条件，希望可以借此挽救自己的生命，说不定还能保住部分财产。

但将军们不愿听，因为他们被苏丹摩诃末派到这里，就是为了保护这座城市。他们必须服从命令血战到底，既是为了守城，也是为了荣誉。

内讧还在进行，投降派（居民）渐渐得势。他们占领了一个城门，派出由阿訇、官员和有声望的居民组成的代表团，带着城门钥匙找到成吉思汗谈条件：如果代表团交出城门钥匙，成吉思汗就放过驻军和居民。但成吉思汗说，只能接受放过平民和愿意投降的人，其他条件都不接受；至于苏丹摩诃末的将士们，他更是一个都不会放过。

最后，代表团交出钥匙，成吉思汗入城。他确实放过了城里的居民，也真的没有放过任何一个他可以发现的士兵，他们大都命丧街头。总督带着大部分将士撤到内城，凭借城墙拼死抵抗，坚持了四天后，发现希望渺茫，似乎无论如何努力，都无法夺回被蒙古军队占领的城市，所以决定杀出一条血路突围。于是，总督率领1000名骑兵出发，趁蒙古军队不备，飞速穿过蒙古军队营地，突入开阔地带，最终成功逃离，那些没有来得及冲出去的士兵很快都被蒙古士兵屠杀了。

苏丹摩诃末发现自己的统治濒临崩溃：他在战争中节节败退，带着能聚集的所有部下从一个行省撤退到另一个行省，徒劳地寻找"安全之地"。他有诸多子嗣，其中有两个分别是札阑丁和斡思剌黑。札阑丁作为长子，是苏丹摩诃末名正言顺的继承人；但可敦不知因什么缘由不喜欢札阑丁，而是非常喜欢斡思剌黑，因此劝儿子让斡思剌黑取代札阑丁成为苏丹继承人。

苏丹摩诃末另外的儿子分别担任几个行省的总督，他在这几个儿子的领地间辗转，却发现没有真正安全的地方。成吉思汗派军追击，苏丹摩诃末只能四处逃窜，身边的侍从和追随者也在不断减少。最终，他彻底死心了。

苏丹摩诃末曾在儿子们领地中的一个城市短暂停留，交给管家奥马尔十个用玉玺封印的宝箱，让他秘密将宝箱送到远方的一个要塞，这些宝箱将被永远秘密地存放在那里。

里面装着的都是价值连城的珠宝。

苏丹摩诃末将宝箱托付给管家后，一个儿子带着大批兵力加入了他的队伍。父子二人很快遭遇了蒙古大军。激战后，苏丹摩诃末战败，士兵四散而逃，他自己也不得不再次逃亡，仅剩一小队随从依然在身边尽力守护他。最后，他和这些随从成功到达里海附近一个偏远城市，希望可以在这里躲藏。苏丹摩诃末精疲力竭，灰心丧气，已经不想再战了。他去清真寺向真主祷告，祈求真主不要让自己彻底毁灭。苏丹摩诃末坦白了自己的罪孽，向万能的真主承诺：如果可以逃脱敌人的追击而重新登上王位，一定尽力改正自己的错误。

最后，追击苏丹摩诃末的蒙古士兵通过一个农民得知了他的去向。一天，苏丹摩诃末在清真寺祷告时，得到蒙古军队正在赶来的消息，就冲出清真寺，在朋友的指引下跑到河边跳上船逃跑，而此时陆地上所有的逃生通道都被蒙古军队切断了。

苏丹摩诃末刚上船，蒙古军队就到达了河岸。船上的人立即驾船离开，失望的蒙古士兵愤怒地向船上放箭，但根本射不中，只能眼看着这艘船迅速地驶出了射程。

苏丹摩诃末躺在船上，惊慌、沮丧、精疲力竭，他忽感胸口剧痛，随着程度不断加剧，连呼吸都困难了。船上的人察觉到了苏丹摩诃末的病情，便尽快将他送到里海东南角一个叫额别思宽的小岛上。随船到来的人们在小岛上搭起帐篷，在帐篷中尽其所能地为苏丹摩诃末支起一张床，并请人去岸上悄悄带来一名医生。医生竭尽所能，虽然一度消退了苏丹摩诃末身上的炎症和疼痛，但他的病情实际上明显在恶化——这个病入膏肓的人已时日无多了！

斡思剌黑得到了苏丹继承人的身份，不受宠的札阑丁却在当时正好身处距离额别思宽岛不远的陆地区域。札阑丁得知父亲病重，便立刻带两个弟弟上岛探望，全程保密，以免被蒙古人察觉。

札阑丁到了，苏丹摩诃末感到很宽慰，最终取消了前面下达的命令，并对札阑丁说：

"在我所有的后代中，你作为我的儿子最有能力替我向蒙古人报仇，太后让斡思剌黑当我的继承人，我宣布她的决定无效。"

苏丹摩诃末郑重指定札阑丁为继承人，并命令其他儿子听从札阑丁的命令，忠于札阑丁的统治，还将自己的剑(苏丹最高权力的标志)正式授予札阑丁。

苏丹摩诃末不久便驾崩了，亲信们将他的遗体秘密地埋在岛上，以防被蒙古人发现。依照风俗，亲信们在安葬前仔细清洗他的尸体；由于买不到裹尸布，他们只能为其遗体穿上他生前穿过的衣服。

至于可敦，在听到儿子的死讯和自己宠爱的斡思剌黑被讨厌的札阑丁取代的消息后，她非常愤怒。可敦讨厌札阑丁，认为札阑丁也讨厌自己；在旧都花剌子模，可敦试图劝说亲信官员和士兵忽略苏丹摩诃末本人的遗嘱，仍拥立斡思剌黑为新的苏丹。

阴谋在策划，蒙古军队也在逼近，可敦立刻决定逃跑。她在花剌子模城要监护十二个孩子，都是国内或周边藩属王公的后代，有的孩子的身份是人质，有的孩子则是平乱或打仗的时候被抓的俘虏，让他们待在太后身边的目的是惩戒他们的父亲。可敦带不走所有孩子，也担心他们被入城的蒙古人释放，干脆下令将他们全杀了。

可敦刚走，城内就因札阑丁和斡思剌黑两党争权陷入混乱；她作为始作俑者，并不关心谁最终会胜出，只关心自己该如何逃命。经过各种艰难险阻，她来到里海南部一座处于山海之间的孤僻小岛，在这里找到一个叫依兰的城堡，把它当作避难所。可敦认为，在这里可以逃避蒙古军队的追击，于是带着珠宝和最值钱的财物躲到里面。

但成吉思汗的眼线现在已经遍布各地，很快就有人告诉他可敦藏身的具体位置。成吉思汗派信使找到正率领一支军队的忽必来将军，告知他可敦的位置，要他不惜一切代价攻下城堡，将可敦带给成吉思汗——活要见人，死要见尸。

忽必来立即向城堡出发。可敦得知忽必来要来，贵族们也催促她赶紧逃跑，并说如果她跟大家一起走，就带她去札阑丁的领地，札阑丁会保护她。但可敦坚决不听——她非常讨厌札阑丁，即使札阑丁可以救她性命，她也不愿意受他的统治。她宁可承受蒙古人最非人的待遇，也不愿得到札阑丁最仁慈的恩惠。

实际上，可敦也没有那么痛恨札阑丁，之所以这样对札阑丁，还是因为她对札阑丁生母的极端厌恶。

总之，可敦拒绝逃跑，蒙古军队很快到达，在城外安营扎寨。

忽必来用各种攻城锤连续攻城三个月，但试图破城而入的计划还是破产了——城堡固若金汤，无法攻破。成吉思汗听说此事后，派人传令，放弃破城，改打围城战，相信守军很快会因饥饿而投降。

城堡的总督虽然看到忽必来执行了成吉思汗的命令，但他毫不担心。原来，他的粮食储备非常充足，山间的雨水充沛，所以水源供应理论上也是充足的。

但总督对雨水的预测出现了偏差。城堡所在的地区通常降水丰富，但蒙古军队围城后的三个星期却滴雨未下，周边的百姓认为，这是安拉对太后谋杀孩子及其他所犯罪行的报应——当然，这种现象本身确实很怪异，因为这个季节通常是降雨频繁的，并且当地百姓都依赖降雨供水，从未出现需要另外寻找泉眼或挖井取水的情况。

城堡内的居民缺乏饮水，痛苦不堪。很多人在痛苦中死去，物资日渐短缺，可敦不得不命令总督投降。

蒙古军队迅速抓住可敦，掳走她的所有财宝，俘虏她的贵族和女官及逃亡路上带着的家眷和两三个曾孙。这些人全部由重兵看守，被押送至成吉思汗的营地。

成吉思汗俘虏可敦之后，对待她的方式非常残忍、野蛮：有时，会在饭后命人将她带进自己的大帐进行一番侮辱、嘲笑，同时命令她讨好自己，还会将桌上的残羹冷炙像喂狗一样投给她。

成吉思汗将几乎所有的孩子都带离可敦的身边[1]，只留一个陪她一段时间，当作一种安慰。但

---

[1] 一些资料和文艺作品显示，他们被处死了。——译者注

一天，可敦给孩子穿衣梳头时，一个将领进来，从她怀里抢走了这个孩子。这对可敦是致命的一击，使她彻底陷入沮丧、心碎的境地。

有些研究者认为，最后一个孩子被夺走之后不久，成吉思汗就把可敦处死了，也有人说成吉思汗将她关押数年后，用凯旋时才乘坐的马车载着她在曾经拥有的国土上反复穿行，这片国土是可敦在极盛时期统治的地方。虽然她的确罪有应得，但成吉思汗这么对待她又何尝不是一种罪恶呢！

第22章　*CHAPTER XXII*

捷报频传（1220年—1221年）

Victorious Campaigns (*1220—1221*)

随后几年，成吉思汗的征服大业蒸蒸日上，所统治的版图扩大到了中亚的西部地区，没有随他出征的将领以同样的方式往东扩张。当时，成吉思汗几乎占领了整个波斯，势力范围覆盖了里海周边的所有地区，甚至延伸到印度。

与此同时，成吉思汗一直追击札阑丁。苏丹摩诃末死后，札阑丁凭一己之力组建起军队对抗成吉思汗。起初，由于可敦策划阴谋支持他的弟弟，并因此在臣民中引起分裂，导致他遭遇了很多困难和尴尬。后来，札阑丁用一年时间成功平息了争端，组建起一支军队，但他没有强大到可以与蒙古军队正面作战的程度，于是以各种方式骚扰蒙古军队，阻碍他们的行动。成吉思汗只得不时抽出兵力追击札阑丁，札阑丁虽然一般打不赢，但脱身还是可以的——他带着军队活跃在战场上，但兵力越打越弱。

后来，札阑丁一度失去信心。在与成吉思汗军队的一次遭遇战中失败之后，他与剩余兵力逃到了山间一座坚固的城堡。札阑丁绝望地告诉当地总督，继续挣扎毫无意义。他想放弃，打算干脆在城堡中死守算了。

但总督告诉札阑丁，作为一个有着显赫祖先的王室后裔和苏丹大位的继承人，因为时运不济而灰心丧气甚至失去斗志是一种自暴自弃的行为。他建议札阑丁组建军队，重回战场，战斗到底。

札阑丁决定听从总督的建议，短暂休整后重返战场。

札阑丁竭尽全力招募到两万人，虽然与蒙古军的兵力相比确实很微弱，但如果指挥者用兵得当，这些兵力也足够开展重要行动。札阑丁重新燃起了斗志，带着两万人的军队获得了一两次胜利，这大大地鼓舞了他。其中一次札阑丁甚至识破了蒙古将军的计策。在这次战斗中，进攻札阑丁的蒙古军队不够强大；为了使札阑丁相信蒙古兵力远比实际多，蒙古将领下令给稻草人戴上军人的毛毡帽，穿上斗篷，再将它们绑到马和骆驼上，营造出后方有第二批士兵的假象，想诱使札阑丁不战而降。

不知道札阑丁是怎么看穿这个计策的，他非但没有投降，反倒英勇作战，击败敌人，取得大胜。要不是将领们因为战利品分配产生分歧，说不定札阑丁真能从此转运。战利品中有一匹漂亮的阿拉伯马，有两位主将都想得到它；很快，二人从争吵升级到暴力冲突。在争执的过程中，一位将军用马鞭抽打了另一位将军的脸，双方由此变得不共戴天。札阑丁希望两人和解，但没有成功。其中一位将军深感受辱，带着手下全部士兵趁夜离开了。

札阑丁竭尽全力想挽回这位愤愤不平的将军，但成吉思汗还没等他来得及行动，就带着大批部队到来了。蒙古军队横插在札阑丁和那位愤怒的将军之间，阻断了双方的联系。

札阑丁除了撤退别无选择，而成吉思汗紧追不舍。一段时间之后，双方的军队都到达了印度河岸，也就是印度边境。

面对蒙古军队步步紧逼，札阑丁占领了河岸附近的一个峡谷，在岩石峭壁间与蒙古军展开了一场大战。据说，札阑丁只有3万人，而成吉思汗有30

万人。数字可能有些夸张，但双方实力的悬殊程度可见一斑。

峡谷很窄，蒙古军队一次只能冲进去一小部分。札阑丁在这里和对手展开了殊死搏斗，据说他们在战败前杀死了两万名蒙古人。实际上，札阑丁犹如困兽，在绝望而无法释放的愤怒中战斗了一整天。夜幕降临时，他明白一切都结束了。他的追随者大部分战死，有一些想渡河逃跑，但多数淹死在渡河的过程中。余下的人筋疲力尽，心情低沉，第二天便无法再战了。

札阑丁在战斗中完全不顾自身安危，或许他希望自己战死。但成吉思汗下令，必须活捉札阑丁，甚至派两位将军严密监视战况，不准任何人在任何情况下杀死他。成吉思汗希望活捉札阑丁，将他当作囚犯，如同对待老太后那样带他穿越他昔日统治过的地区，向过去服从札阑丁的臣民展示这个"战利品"。

札阑丁决计不让对手如愿，试图游泳过河自救。他气喘吁吁，带着一身尘土和伤痕向母亲、妻子和孩子们匆忙告别。当时，札阑丁的家人习惯在战争中跟随他；札阑丁在自己的帐篷里找到家人，他们充满焦虑和恐惧。札阑丁试图安慰家人，希望未来可以在情况更好一些的时候相遇；然后满含热泪，悲伤地离开了。为了方便渡河，札阑丁丢弃了盔甲和大部分武器，随身只携带刀、弓和一个装满箭的箭筒。他换了一匹马，往河边驰去。

马在河岸边看到水流湍急便不愿继续前进，札阑丁只能用马刺逼迫马继续前行——现在确实没有时间可以浪费了。他刚到岸边就看到成吉思汗带着一队蒙古兵来抓他。成吉思汗看到札阑丁骑着马踏入充斥着岩石和漩涡的河中，就停在岸边不敢贸然跟进，但仍然关注着札阑丁冒险的结果。

札阑丁走出追击者的攻击范围后，在马可以立足的地方停了下来，带着仇恨、轻蔑的表情看向追击者，然后将箭筒中的所有箭射向他们。一些胆大的蒙古兵提议游泳过河追击札阑丁，但成吉思汗没有同意，认为这样是没用的："你们奈何他不得，这个人如此冷静、勇敢，你们做什么都会被他看破。父亲会为有他这样的儿子感到骄傲，儿子也会为有他这样的父亲感到自豪。"

札阑丁射完箭后继续渡河，战马在漩涡和翻滚的大浪中历经绝望和挣扎，终于驮着主人成功过河。成吉思汗在岸上看着马往对岸走，直到最后什么也看不见。

札阑丁上岸后，休息了一会儿，缓解了过河的疲惫和紧张后，开始打量四周，并考虑下一步该怎么办。他发现自己身处无人的孤寂荒野，担心这里有老虎和其他猛兽出没——印度丛林中确实有这些动物。夜晚来临，札阑丁没有发现任何可以躲避或者休息的地方，便把马拴在树上，然后爬上树，坐在枝杈上过了一夜。

第二天清晨，札阑丁从树上下来沿河岸行走，看能不能有什么发现。在他极度焦虑、痛苦时遇到了一小队自己的士兵，他们由一些将领带领，和札阑丁一样在战斗中渡河逃到这里。札阑丁如释重负。其中三位将领是札阑丁非常好的朋友，他看到他们非常高兴。在最初战败时，这一小队将士找到了河岸上的一艘船，坐船来到这里，接着在船上过了整整一夜。浅滩、礁石和湍急的水流使他们的行程极其危险，天蒙蒙亮时，他们才在遇到札阑丁的不远处上岸。

不久，札阑丁又遇到了300名骑兵，他们是从下游相对平缓的地方泅渡过来的。他们告诉札阑丁，距离这里约6英里的地方还有一支约4000人的队伍也渡了河正往这里逃。札阑丁集合了这些士兵，发现自己又有了一支大军。

但眼下大家极其缺乏粮食和其他必需物资，札阑丁无法满足这些需求，如果不是对岸的一个叫扎马兰拉德的亲信考虑周全、竭诚尽忠，他就遇到麻烦了。扎马兰拉德发现主人已经成功渡河，另外有很多人也在试图过河，并且很可能已经成功到达对岸，第二天早上他们就会急需粮食和其他物资，因此他连夜将粮食、武器、钱和士兵衣物等装上大船，并在蒙古兵发现前成功乘船驶离。次日早晨，船到达了对岸，札阑丁因此得到了大量的急需物资。

札阑丁对扎马兰拉德的表现非常满意，立即任命他担任非常重要的职位，还授予他新的头衔。

不过，与此同时，河岸对面的成吉思汗也在第二天上午占领了札阑丁的营地，札阑丁的家人因此落入他的手中。成吉思汗下令屠杀所有男性，留下女性另做安排。被屠杀的人中包括札阑丁的长子，一个八岁的男孩。

札阑丁离开前，曾下令将宝藏沉到河底，本打算将来取回。但成吉思汗发现了宝藏沉没的地方，派人潜水捞出宝藏，将它据为己有。

此后，札阑丁在印度停留了五六年，带着部队，加入了印度王公的军队，参与了当地的一些战斗。后来，札阑丁遇到有利的时机，便返回了故土，继续与蒙古军队交战，但他从未赢得任何实质性的权力。

此后两三年，成吉思汗继续在亚洲西部的伊斯兰国家作战——此处不做具体描述了，因为无非是一些反反复复的抢劫、掠夺、谋杀和毁灭之类的事情。蒙古大军兵临城下时，有些城市会立即投降，地方官员和地位较高的居民会组成代表团，拿出城门钥匙和贵重的礼物，希望借此安抚入侵者。蒙古军队对这种方式比较满意，劫掠一番后便罢手，居民的性命也因此被放过。而有些城市试图反抗，蒙古军队就建造器械攻击城墙，向城中被围困的居民投掷巨石。由于其中一些城市所在的地域属于冲积平原，蒙古军队在多数情况下无法获得足够的石头供给。在用尽附近的石头后，他们会砍下通往城市的大道两旁或附近森林里的树，将树干锯成木墩，用这些沉重的木头代替石头做"子弹"，用攻城锤投过城墙——当然，这与现代炸弹的威力无法相提并论。现代炸弹就像是一个可怕的大铁球，发射后带着火焰飞行四五英里，最后落在城里，炸裂成无数弹片，像铁雨一样"泼"向四面八方。

蒙古人将战争中抓到的囚徒作为奴隶使用——奴隶们要将树干锯成木头，并给攻城锤运送石头。有些围城战的工作量很大。据说，围攻尼沙布尔时，城里居民投降后假装对蒙古军队友好，却偷偷给札阑丁的军队武器、粮食和钱财，这是对成吉思汗的严重冒犯。蒙古军队使用的1200台攻城锤，都是在距离被围攻城市不远的城镇里制造完毕后，由奴隶将零件逐一运送至被围攻的城市，重新组装后架在城墙下的。奴隶在运送机器的时候，由覆盖生皮的木质盾牌作为防护，其他奴隶在前面抬着盾牌抵挡敌人投射类武器的攻击，如果盾牌起火了，就要设法灭火。

部署攻城锤的地方有时也配备木墙。为了防火攻，人们会给木墙与攻城锤的框架覆盖生皮。这就需要大量的生皮，为此蒙古人宰杀了大量夺来的牛马。

有时，为了让蒙古军队的攻城锤缺少"弹药"，城里居民会在他们到达的前几天就大规模出动，把能够找到的石头扔进河里或者藏起来。

前面提到，当城市受到威胁时，有的居民不做丝毫抵抗便直接投降，以期获得入侵者的仁慈。在这种情况下，蒙古将军们通常只会掠夺财产而饶居民一命。有的城市会抵抗一阵，在守军彻底气馁并打算投降之前与入侵者签订和平条约。但这时，蒙古军队给出的条件往往非常苛刻。于是，守军不再打算投降，而是坚决抵抗到底。

有一次，蒙古军围攻的城里住着一位阿拉伯谢赫(sheikh[①])，名叫"库布鲁"，他是一个品德高尚的杰出人才。成吉思汗指定他的三子窝阔台攻打这座城市，窝阔台听说过谢赫的英名，非常尊敬他，于是派使者带给库布鲁一张通行证，让他可以选十个人一起离开这座城市去任何想去的地方。但库布鲁谢绝了窝阔台。窝阔台便又给了库布鲁一张通行证，这次他可以带1000人离开，但他依然没有同意，他不愿意接受窝阔台的赏赐。库布鲁说，城里每个伊斯兰教徒都应该离开，他作为谢赫，有义务与其他伊斯兰教徒在一起，因为他们彼此之间关系紧密，牢不可破。

于是，窝阔台继续围攻，最终攻下了这座城

[①] 原义为"老人""老者"。阿拉伯国家对男性长者或长辈的尊称。部落首领和族长也称"谢赫"。根据原文，这里的谢赫是指地位相当于"亲王(prince)"的部落首领。——译者注

市，库布鲁等人在街头被杀，此前他一直坚守阵地，像一头狮子一样战斗到底。

但并不是所有穆斯林领袖都和库布鲁一样有如此高贵的精神。另一个领袖发现蒙古军队即将到来，当夜从城墙上放下绳索逃跑，而让他的城市和守军听天由命。

守军知道蒙古人不会对自己心慈手软，通常会作困兽斗，也就是和蒙古人战斗到底。守军会突然打开大门，带上所有火把和可燃物冲出，放火引燃攻城锤，然后趁蒙古兵乱作一团、来不及组织抵抗前退入城内。他们以这种方式破坏了大量攻城锤，杀死了大批蒙古兵。

尽管如此，蒙古军队依然坚持要攻下城市。城里的居民彻底失去了希望，他们对敌人恨之入骨，宁愿亲手放火烧毁城市，将自己和家人置于熊熊烈火中，也不愿落入蒙古人的手中。

经过长期的战斗，蒙古军队终于成功地占领了城市。不幸的受害者遭受了非常残忍的对待：所有居民奉命走到一处平缓的开阔地，年轻体壮的男人被挑走，他们将作为劳力去运送石头和器械等物资；年轻美丽的女人被挑走，她们将被分给军人或者卖作奴隶；剩余的人聚集在一处，蒙古军便像围猎野兽一样将他们乱箭射死。与围猎野兽不同的地方在于，蒙古人射杀俘虏，听着他们恐惧的尖叫和呼号，可能比射杀一群狮子、老虎和狼时更加兴奋、激动。

根据史学家对当时书记官的记录做的摘抄，一次，由于奉命在平原上聚集的人比较多，所有人全部到达指定地点就走了四天。后来，经过蒙古军队的挑选，被留下等死的人数超过了10万。

在另一次屠杀中，光是清点死者人数就花了12天时间。

有些暴行恐怖至极，无法用语言描述。一次，一位年迈的妇人请求蒙古人饶她性命，她承诺可以送给他们一颗昂贵的珍珠。

蒙古军人问老妇人珍珠在哪里，老妇人回答说，她已经将珍珠吞入腹中，结果她立即被开膛破肚，最后还真让这些蒙古兵找到了珍珠。受此鼓励，蒙古军人认为，其他女人也会像老妇人一样藏匿珍珠，于是他们杀了很多女人，将她们也开膛破肚，但最终什么都没有找到。

围攻巴米扬时，成吉思汗年幼的孙子希望以自己的胆识取悦祖父，但由于离城墙太近而被弓箭射死。[①]成吉思汗为此感到非常痛苦——因为他曾将这些痛苦残忍地加诸他人，这次他自己失去了一个孙子才感受到了无以复加的痛苦。这个孙子的母亲因儿子的死亡而愤怒，一心只等占领城市后报仇雪恨。蒙古军队最终突破了缺口，她也随士兵进入城市，坚持要处死所有人，尤其是孩子——似乎摧残别人家的小孩就能让自己获得快乐，就能为死去的儿子报仇雪恨。这个女人的仇恨和愤怒甚至殃及了未出世的胎儿。总之，蒙古人攻进城后的暴行惨绝人寰，无法言表。

一次谈话体现了成吉思汗的宗教观——那是成吉思汗在中亚征战时，与不花剌一些博学的伊斯兰教学者之间的交流。当时，不花剌是世界上科学与

---
① 指范延堡战役中木阿秃干战死。——译者注

哲学的中心之一。成吉思汗问这些学者的宗教信条是什么。他们回答说,他们的信条主要包括五条基本要义:

第一条 相信真主创造一切,真主是宇宙的主宰和统治者;
第二条 将年收入的四十分之一用来施舍穷人;
第三条 每天向真主祷告五次;
第四条 每年要有一个斋月;
第五条 到麦加朝觐,敬拜真主。

成吉思汗告诉这些学者,在上述五条中,对于第一条,他表示只相信自己。第二条到第四条都很好,他很赞成。最后一条,他不能同意,既然全世界都是真主创造,却只将一个具体的"麦加"定为真主的居所,这是很荒谬的。

学识渊博的学者们虽然对成吉思汗前四条的回答比较满意,但他关于最后一条的异议让学者们完全无法接受。最后一条是这五条中唯一在本质上纯粹且完整的宗教仪式。这样的宗教仪式不足为奇，从法利赛人 (Pharisees) 时代到19世纪的今天，宗教中包含的教义和教条中蕴含的信仰总是植根于外在的物质元素；教徒们一直在为外在的宗教仪式而不懈努力，却把直接关系到人类物质利益和精神利益的东西藏了起来。

第 23 章　*CHAPTER XXIII*

盛大的庆祝活动（1221年—1224年）

Grand Celebrations (*1221—1224*)

成吉思汗已经完全征服了中亚，其统治地位也被大大巩固了，因此他决定举行两场盛大的庆祝活动，借机展示他取得的胜利和帝国扩张的成果。第一场是大型狩猎活动，第二场活动则以宴会或可汗大会的形式进行。帝国的各大首领都奉命来参加了庆祝活动。

我们先为读者介绍狩猎活动的情况。不过，毫无疑问，史学家对两次活动的记载都有些夸张。

1221年的战事结束之后，成吉思汗举行了狩猎活动。当时，军队正在进行冬季休整，举办狩猎活动可以让士兵保持战斗状态，防止纪律松懈，避免将士们闲下来，而闲下来就可能导致军中出现恶习或哗变。狩猎在广阔的无人区进行，那里有各种野兽出没。士兵们按作战顺序列队出发，就像是即将要与战斗力强大的敌人作战。不同的队伍被派往郊外的不同地点，抵达后左右散开，将狩猎的区域围起来。据说，给定的区域面积非常大，需要几个星期时间才能慢慢把包围圈缩小到中心地带。

在这种情况下，为了不给野兽留下任何沟

堑、灌木丛或其他可以隐藏的地方，彻底检查狩猎区域的速度就会非常缓慢，每天只能推进几英里。另外，狩猎区域本身的面积也的确非常大。

一切准备就绪，计划中定下的那天早晨终于到来了。士兵们在各自值守的地点列队，听到军号和鼓乐声后，按照指令向猎场中间进发。

任何人都不能杀害任何动物，要做的只是将动物从巢穴或藏身的地方引出来，并赶到狩猎区域的中心。

许多士兵带着镐子、铲子或类似的工具，一旦发现有动物的痕迹就朝着动物的巢穴或洞口挖掘。

狩猎活动持续了数周。动物受到蒙古人惊扰时，会从他们的面前跑过，它们认为危险只是暂时的，只要和往常一样躲进灌木丛就能逃脱。但蒙古人很快又靠近了，再次惊扰动物，并将它们从灌木丛中赶了出来。动物无论朝哪个方向跑，总能被人拦截，如此反复后，蒙古人的包围圈便越来越小，动物活动的范围也越来越窄，包围圈中动物的种类也越来越多。当所有动物混杂在一起时，它们很快就感到焦虑暴躁，于是动物之间开始彼此攻击，弱肉强食，横尸遍野——这都是动物自相残杀的结果，没有耗费参与者的一丝力气。

后来，动物的数量实在太多了，在极度的兴奋和恐惧中，士兵们已经很难再把它们向前驱赶。可怜的动物们慌不择路地上蹿下跳，士兵们则紧跟在动物的后面，一边大声喊叫一边驱赶，切断它们可能逃跑的所有机会。而一旦发现有动物试图跑出队伍，便立即挥舞武器恐吓它们。

最终，动物被驱赶进一个小包围圈里，那是一个事先确定的小区域，士兵们会手持长矛或标枪将其包围，围上两三圈。士兵们组成人墙，手持长矛，将动物牢牢困在由他们组成的圆圈里。此时，各位可汗、朝廷各级官员和军中大臣便按计划走进这样的圆圈，攻击并杀死野兽，以此展示他们的勇气和能力。

但此类狩猎活动似乎不需要什么勇气——毕竟虽然野兽通常在刚被逼出巢穴时比较狂野、残暴，但随着包围圈越来越小，不断被激怒的它们变得精疲力竭、懦弱胆怯、神情呆滞，最终，可以说，那时的它们已经被驯服了。在某种程度上，这是由于它们已经习惯了人类的出现，但更可能是长时间的兴奋、恐惧和不食不休所导致的精神崩溃。

这也符合一种普遍的规律：明明是可怜的士兵和平民历经艰辛，但荣誉总是被大人物获得。

成吉思汗最先进入士兵围成的圆圈开始打猎，随后是他的子侄们与其他大首领和可汗。狩猎者入场后，全军包围猎场；空中充斥着喧闹的军乐和骇人的呼号，这些声音惊扰着野兽，摧毁了它们抵抗的意志和希望。

这种恐吓收效甚好，据说野兽都吓坏了。"它们非常害怕，完全失去了凶猛的野性。狮子和老虎像羔羊一样温顺，熊和野猪变得胆怯、木讷，成了最胆小的动物。"

尽管如此，成吉思汗和他的子侄们攻击野兽时，并不是完全没有危险。选择挑战最凶猛的野兽是一种荣誉，而对野兽来说，受到攻击是一种刺激，会激发它们凶残的本性，从而背水一战以自保。猎杀几只狮子、老虎和熊之后,成吉思汗一行人便退到一侧——在视野最好的位置已摆放好座位,成吉思汗坐着就能将整个狩猎的情况尽收眼底。成吉思汗坐在座位上观赏围猎屠杀的场面。随后,大批狩猎者也加入其中,享受屠杀和蹂躏可怜的野兽的乐趣,直到心满意足为止。

狩猎活动将要结束时,可汗们的孙辈在其他几位年轻首领的陪同下走近成吉思汗的座位,请求成吉思汗下令停止屠杀,让剩余的动物重归自由,这得到成吉思汗的许可。这时,士兵们便撤除包围圈。逃过一劫的动物们返回了旷野,狩猎活动也就此结束。

参与狩猎的队伍开始回营,因为规模很大,返回的过程要持续四个月的时间。

两三年后,成吉思汗几乎征服了西亚,于是召开大会。这时,就算将诸位儿子和将军们召回,险情也不会发生。大会在巴纳克忒郊区的大草原上举行。前文提到过,巴纳克忒是成吉思汗征服的大城市之一,位于成吉思汗的领地中心,位置很便利，适合召开大会。另外，巴纳克忒也是一座富饶美丽的城市，满足召开大会需要的一切条件。大会没有在城里召开，而是在近郊的大草原上召开，这里有充足的空间，能够容纳所有可汗和他们众多随从的帐篷。

可汗和首领们陆续赶来：最先抵达的是成吉思汗的儿子们，他们从各个远征地返回，带回了大量礼物，包括从被征服的城市夺来的财宝和其他贵重物品，其中术赤带回的礼物价值最昂贵。另外还有人送给成吉思汗10万匹战马，它们都是从被征服的国家的牧场上掠夺来的，成吉思汗将用它们来扩充骑兵。马匹按毛色列队，分别有白色、斑纹灰、栗色、黑色等，还有斑点马，各种马匹数量相当。

成吉思汗非常高兴地欢迎并接待了自己的孩子们，欣然接受了他们的礼物。作为回报，成吉思汗也将自己的财宝送给孩子们。

其他首领与可汗们随后带着各自的军队和随从到来，在平原上安营扎寨。成吉思汗举行了一系列大型宴会和各种公共活动来招待、娱乐大家，还组织了一场大型围猎活动，当然和上文提到的那次相比，规模小得多，但参与的人数和花费的时间更多。据说，在这场围猎中有数千只走兽被杀，多种禽鸟被猎鹰捕杀，数量巨大。

围猎结束后，成吉思汗举行了一场盛大的宴会，宴会的丰富程度超越了其他所有盛宴。宴会上不仅有来自南方的各种葡萄酒，还有士兵们用从波斯学来的酿酒技术酿制的啤酒、蜂蜜酒、果酒等。

与此同时，随着可汗们的到来，广阔的平原上为宿营而划定的空间被逐渐填满。最后，目之所及，除了帐篷，就是随车迁来的一排排房子。据史学家记载，方圆七里格之内都是可汗们的宿营地。营地外围是可汗们的牧人和仆人的处所，他们负责照料牲畜和战马，带它们去合适的牧场放牧。游牧民族习惯携带大量牛羊上路，这些动物需要的空间的确比人居住的地方更大。

19世纪的现代人习惯将在帐篷居住当作一种权宜之计，因此他们会对这种生活方式感到惊讶；但我们同样发现，当时这种生活方式已自成体系，并且与之相关的一切都发展得非常完善，可以说是井井有条。以蒙古人营地为中心，方圆两里格内有街道、广场和集市，和城市的布局一样——这是成吉思汗的驻地，他本人和近亲家属的帐篷非常华丽，仆人和随从则使用普通帐篷。附近还有用料多样、装饰华丽的可汗帐篷，可以看到五颜六色的丝带在帐篷顶迎风飘扬。

除此之外，还有一个专门用来开会的巨大帐篷。据说，这个帐篷非常大，可以容纳2000人。它的外观是非常鲜明的白色。帐篷有两个入口，其中一个是专供成吉思汗使用的"御门 (imperial gate)"，另一个是供大会成员和其他人使用的公共入口。

帐篷内设有豪华的大汗宝座，这是开会时成吉思汗的专座。

在此期间，大家处理了很多重要的事务。成吉思汗颁布了多项重要的法令，颁布了各项新的法律，还对各行省的管理做了必要的安排。

完成各项任务后，大会结束了。成吉思汗单独接见了各位首领、可汗、将军、行省总督和其他出席会议的重要人物，之后，他们就着手准备返回自己的领地。仪式结束后，所有人散去，可汗们纷纷启程，带着自己的队伍回家了。

第24章　CHAPTER XXIV

驾　崩（1227年）

Conclusion (*1227*)

上一章中提到的庆祝大会结束以后，成吉思汗的生命就只剩下三年的时间了。他继续带兵打仗，和往常一样无往而不利，最终在西亚确立了自己的统治地位。离开东方七年后，成吉思汗返回自己的故土，得到蒙古人的崇高敬意，然后他率军攻打金朝。要不是后来横遭不幸，恐怕成吉思汗会继续胜利下去，他的事业也会达到前所未有的繁荣局面。

所谓的横遭不幸就是指长子术赤的死亡，他是成吉思汗最出色、最钟爱的儿子。成吉思汗悲痛不已，一度失去了对治国理政的兴趣，战争中获得的胜利也不能让他的心情稍微好些。

这时，成吉思汗已经是一个六十四岁的长寿老人，很难摆脱悲伤的情绪，但他还是慢慢从悲伤中恢复过来，继续准备战争。成吉思汗攻占了金朝北部的全部领土之后，准备攻打金朝的南部，但1227年春，他病倒了。他和病魔斗争了一个夏天，却在8月发现自己每况愈下，看来大限已至了！

成吉思汗在这段时间着力安排未来战争的事务，把细节都告诉贴身的官员，希望他们在自己驾崩后能顺利推进战争。成吉思汗最担心的莫过于众将在自己撒手人寰后会内斗，所以不断告诫全军，要他们团结一致，绝不允许内部不和，更不容许军中出现分裂。

成吉思汗的次子察合台性格温和，不适合管理庞大的帝国，与他相比，三子窝阔台更适合。而幼子拖雷在成吉思汗病重之际则一直陪伴在他身边。

在一次行军的过程中，成吉思汗病情恶化，已经虚弱到要被人抬着才能移动的地步。这让他更加相信自己命在须臾，便下令就地驻扎，躺进了为他在森林里搭起的营帐。医生和占星家试图编些好听的话安慰他，但身心承受着巨大痛苦的成吉思汗其实知道这是怎么回事。

成吉思汗要求所有随行的子侄来到自己的床前，接着让大家把自己扶起来，说了几句简短却分量很重的话：

"我把世上最大的帝国留给你们了，只有你们团结，帝国才能存在下去，如果你们不和，就肯定会失去它。"

然后，成吉思汗转向站在一旁的重要首领和可汗（他们构成了这个帝国的贵族阶层），对他们及其他王公呼吁说，蒙古帝国是自己一手建立的，所以他有权指定继承人，不管他做出的决定是否公正。

大家都认可他的话，成吉思汗的子侄们跪在他的面前说：

"您是我们的大汗，是我们的皇帝，我们都是您的仆人。您的命令我们都服从。"

成吉思汗随即宣布窝阔台为继承人，称他为"可汗中的可汗"，这在蒙古人的法律中就相当于皇帝的头衔了。

大家再次下跪，庄严宣誓遵从成吉思汗的选择，并承诺，在窝阔台即位后一定衷心拥护他。

成吉思汗命令察合台统治一个大国，但察合台还是要服从窝阔台的管理，接着指定拖雷监国，直到窝阔台返回。

一切安排都妥当了，众人也都散去了，不久，成吉思汗便驾崩了。

拖雷立刻开始行使监国的职责，命令将父亲安葬在一棵老树下，场面很壮观。这棵老树是成吉思汗生病前几天休息过的地方，他在那里休息时很舒服。

成吉思汗的陵寝被建造得很漂亮，有一座壮观的纪念碑，后人在其周围种植树木，对其大加装饰。据说这是世界上最壮观的陵寝之一。

窝阔台返回后立刻宣布登基，并巩固父亲生前建立的帝国。整个亚洲迅速获悉了成吉思汗驾崩的消息，各个行省、公国和属国纷纷派人吊唁，希望和窝阔台这个新皇帝保持友好关系的邻国也派人前来慰问。因为这样的使者实在太多了，悲伤的仪式持续了半年之久才结束。

成吉思汗建立起的帝国和世界上的其他帝国一样，实际上是强大的军事家通过对分布广泛的各个民族进行征讨、扩张建立起来的。很快，他的子孙就开始内斗，偌大的帝国分崩离析，其崩溃之迅速,比成吉思汗建立帝国所用的时间还短①。

(根据哈珀兄弟出版公司出版的英语版译出)

---

① 1206年,成吉思汗建立蒙古帝国。1227年,成吉思汗驾崩。1259年,蒙哥汗在攻打南宋的过程中,逝世于钓鱼城下,帝国内部爆发争夺大汗之位的内战,帝国遂走向分崩离析。除了忽必烈建立的元朝外,蒙古帝国分裂成了窝阔台汗国、察合台汗国、钦察汗国和伊尔汗国。如果成吉思汗的降生(1162年)或他十三岁(1175年)的时候第一次立下军功崭露头角可以被认定为他建立帝国的起点,那么关于建立帝国所花的时间,可以得到"四十四年"或"三十一年"两个答案,而从成吉思汗逝世到帝国开始分裂只用了三十二年时间。——译者注